元防衛省情報分析官
上田篤盛

武器になる情報分析力

インテリジェンス実技マニュアル

並木書房

はじめに

本書は、拙著『戦略的インテリジェンス入門』（2016年）をもとに、社会人向けに書き下ろした「情報分析マニュアル」です。

本書の執筆に至った経緯は次のとおりです。

2017年秋、社会人を対象に各種講座を主宰する「麹町アカデミア」の秋山進さんから、「ビジネスパーソン向けに情報分析の手法を講義してくれませんか」という依頼がありました。

筆者は約15年間、防衛省情報分析官などとして国家安全保障分野における情報分析業務に携わっていた身であり、退官後もビジネスの企画や経営などに従事した経験はありません。ですから、いったんはお誘いを断ろうと思いましたが、結局、以下の理由で引き受けることにしました。

●地政学・地経学リスクが高まり、ビジネス市場がグローバルに拡大するなか、ビジネスパーソンにとって国際情勢を分析する目を養うことは重要である。

●国際情勢の分析、ビジネスにおける環境分析、個人の問題解決など、いずれも情報を収集して、インテリジェンスを作成するといった情報分析の本質は変わらない。国際情勢の情報分析からビジネスパーソンがそれぞれ教訓を得て、ビジネス界で活用することは可能である。

そこで、２０１８年1月に「戦略的インテリジェンス入門―正しい判断をするために情報をいかに集め、読み解くか」と題して、２時間ほどの講演を行ないました。続いて同年4月に3回シリーズで計10時間の情報分析の実技講座を実施しました。

この講座では「北朝鮮情勢」をテーマとして取り上げました。なにより北朝鮮情勢は、わが国にとって最大関心事の一つです。２０１７年には7回目の核実験が実施され、その前後には核搭載可能とされる弾道ミサイルの実射試験が頻発しました。ところが２０１８年以降は、韓国での冬季オリンピックを契機に、一転して緊張緩和が演出されるようになりました。

そして本講座のさなかの4月には、米朝首脳会談（この時点では5月開催が取りざたされ、6月に実施）の開催が見込まれるなど、朝鮮半島をめぐる情勢は刻一刻と変化していました。

つまり、喫緊の国際問題の発信源である北朝鮮を取り上げることは、生きた題材を活用して情報分析の醍醐味を学ぶ、またとない機会であると判断したからです。

本講座において、ビジネスパーソンをはじめとする参加者との知的交流は実に新鮮なものでした。また、社会で経験を積んだ受講者の分析作業のレベルは、筆者が教官をしていた防衛省や陸上自衛隊の学生たちに「優るとも劣らない」という印象を受けました。

おそらく受講者には、一般報道を鵜呑みにするのではなく自分自身で体系的・論理的に考えることの重要性や、国際情勢に関する知識が不十分であったとしても、しっかりとした手順を踏むことで相当程度の分析ができることを認識していただけたのではないかと思っています。

しかしながら、事前のテキスト配布や予習を含めても、実習時間の不足から、筆者の解説は急ぎ足にならざるをえませんでした。したがって受講者の方々には消化不良の印象を持たれたのではないかと思われます。そこで、その反省を込めて、本講座を通じて得た教訓や反省点をもとに、実技講座で使用した講義録やテキストを加筆修正して、一冊の本に再編集したという次第です。

本書の内容および特徴について紹介します。

本編では「インテリジェンスとは何か？」「情報分析とは何か？」「情報分析はなぜ誤るのか？」「バイアスとは何か？」「効率的な情報分析とはどういうものか？」「どのようにしてインテリジェンスを作成するのか？」などについて解説します。事例は国際情勢だけでなく、ビジネスや生活一般からも取り上げました。

とくに強調しているのは情報分析の「効率化」です。情報が氾濫している今日、いきなり手当たり次第に情報の収集を始めてはいけません。それではますます情報が溢れ、効率的な分析は望めるはずがありません。

そこで効率的な情報分析の手順というものが極めて重要となります。

まず「何を知るべきか？」という視点で質問を設定します。次にその質問に対する回答の方向性を定めます。それから回答を解くためのドライバー（鍵）を特定します。それがすんでから、そのドライバーの枠内に入る情報だけを集めて分析していきます。

この情報分析の手順をできるだけ多くの方々にマスターしていただきたいと思います。これが本書の最大の狙いであると言っても過言ではありません。

次に強調しているのは思考法の重要性です。すべての問題を解決する万能の分析手法はありません。情報分析に必要なものは、各分析手法の根底に流れている思考法を身につけることです。

その中で重要なのが質問の設定（再設定を含む）とバイアス排除の思考法です。本書では、この二つについて相当の紙幅を割きました。

付録「情報分析の実習」では、実技講座で行なった内容を一部修正して紹介してあります。付与した「課題」と、それに対する「指導案」および「解説」の三本立てになっています。これをお読みいただければ、実技講座の仮想体験ができると思います。

読者の皆さまには想像力と創造力をもって本書をお読みいただきたいと思います。「インテリジェンスとは何か」「国際情勢の分析はどのように行なうのか」など、ご理解いただけるものと確信しています。

予測不能で不確実な時代を勝ち抜くには、記憶と再生に偏重した知識ではなく、創造的な〝知的戦闘力〟が必要不可欠です。どうか本書をもとに、「武器になる情報分析力」を身につけられることを切に願います。

目　次

第5章　情報分析力で先を読む　178

付録　情報分析の実習　216

第1章　情報からインテリジェンスへ

1　インテリジェンスとは何か?

インフォメーションとインテリジェンスの違い

インテリジェンスには「知識」「組織」「活動」の三つの意味があります。

知識としてのインテリジェンスについては、インテリジェンス研究者のジェフリー・リチェルソンによれば「自国の政策立案のため必要となる諸外国に関するすべての入手可能なインフォメーションの収集と処理、統合、分析、評価、解釈からなるプロダクト」と定義されています。

つまり「インフォメーションに思考的かつ能動的作用を加えて、判断、決心（決断）および行動をする上で役立つレベルにまで高めた知識」がインテリジェンスということになります。

インフォメーションの一例として、不特定多数に同じ内容で瞬時に発信される日々のニュースがあります。「明日午後から大雨が降る」といった天気予報などはインフォメーションにあたります。

この天気予報の受け手の反応はさまざまです。ゴルフ愛好家であれば「ずぶ濡れになるかもしれないので、明日のゴルフは中止しよう」と判断するかもしれません。これは、インフォメーションが直接に自己の判断につながる例です。

しかし、世の中はそんなに簡単に判断できるものばかりではありません。ある証券マンは「農作物関連の株価が下がる」と判断するかもしれませんし、安全保障部門の分析官ならば「明日の午後はX国漁船の接近の蓋然性(※)は低い」と判断するかもしれません。

これらは、単一のインフォメーションを、その他のデータや過去のインフォメーションと照らし合わせて判断や行動に役立つように処理しているのです。

このような処理が国家レベルで行なわれ、処理されたインフォメーションが、あるメッセージ性を持ったプロダクト（成果物、レポート）となり、それが国家の政策決定者に提供される。そのプロダクトにもとづいて、政策決定者が判断や意思決定を行なった場合、インフォメーションからインテリジェンスが生まれたということになります。

現在、欧米社会では、安全保障や軍事の情報理論が民間ビジネスの世界に波及しています。ですから、わが国のインテリジェンスを国家政策の領域に留めておく理由はありません。

企業であれ、個人であれ、どんどんインテリジェンスを利用すべきです。

（※）蓋然性とは、哲学、数学、統計学などで使われる用語で、「確からしさ」を意味する。この場合「仮説が成立する確実性、その仮説が真実として認められる確実性の度合い」という意味になる。蓋然性を数量的に表現するときは確率を用いる。

インテリジェンスとインフォメーションを混同しない

インテリジェンスに相当する的確な日本語はありません。筆者が以前に所属していた防衛省や自衛隊では、インテリジェンスに「情報」、インフォメーションに「情報資料」という訳語を当てて区分しています。

これは、戦後に陸上自衛隊関係者が米軍の「情報教範」をもとに、陸上自衛隊の『作戦情報』教範を作成する過程で、当該訳語を使用したことに由来しています。（詳細は松本重夫『自衛隊「影の部隊」―情報戦秘録』）

『広辞苑』で「情報」を索引すると、「あることがらについての知らせ、判断を下したり行動を起こしたりするために必要な種々の媒体を介しての知識」とあります。

ここにはインフォメーションとインテリジェンスの意味が同時に書かれています。つまり前半部分の「あることがらについての知らせ」がインフォメーションで、後半がインテリジェンスにあたります。

どうやら「情報」とは、インフォメーションとインテリジェンスを包含したものを指すようです。厳しい言い方をすれば、この二つを無意識に混同して使っているといえます。

両者を厳密に区分することは、政府機関のみならずマスコミや企業において情報活動に携わる人にとって極めて重要です。

なぜなら、日常私たちが接する情報には誇大、粉飾、意図的な作為があります。両者を混同していると、不用なインフォメーションに惑わされ、必要なインテリジェンスを選別する判断力が鈍ってしまいます。

戦後、わが国では「情報」が「インフォメーション」の訳語として用いられてきた経緯を踏まえ、(※)本書ではインフォメーションを情報、インテリジェンスはそのまま使用することで、両者の混同を回避することとします。

(※) 情報という言葉の履歴や現代のわが国における使用状況などについては小野厚夫『情報ということば――その来歴と意味内容』に詳しい。

インテリジェンスの三つの要件

インテリジェンスの本質を理解する上で、その存立要件を考えることが重要です。存立要件とは、「当該要件が失われれば、もはやそれはインテリジェンスとは言えないという要件」のことです。

第一の要件は「有用性」です。有用性とは「役に立つ、利便がある」という意味です。

インテリジェンスは、カスタマー（使用者）が特定の行動に関する意思決定、行動の実行などのために使用することを目的とします。それが単に学問としての利用に留まり、そのことが意思決定と無関係に存在する限りは、それはインテリジェンスではありません。

たとえば、戦車部隊指揮官が「あの橋梁を戦車が無事に通過できるか？」を判断する場合、橋梁の幅が戦車より広いか、橋梁の強度が戦車の重量に耐えられるかがわかれば、インテリジェンスとしては十分です。学問的な観点からの有効幅員や耐荷力の詳細の数値は必要ありません。これは不要な情報です。

インテリジェンス担当官が作成したプロダクトを政策決定者などの使用者が使ってはじめて、そのプロダクトは情報からインテリジェンスに昇華します。つまり、どれだけ体系的によく整理されたプロダクトであっても、使用者の意志決定に有用でなければ意味がありません。

第二の要件は「適時性」です。インテリジェンスはタイムリーでなくてはなりません。国家、企業、個人のいずれの使用者の判断や行動にも期限（デッドライン）があります。これに間に合わなければ、どんな優れた内容のインテリジェンスも価値はありません。適時性が欠ければ有用性という第一の要件も失われることになります。

第三の要件は「正確性」です。これは、そのインテリジェンスが「事実と合致している、誤りがない」という意味です。誤ったインテリジェンスにもとづいて判断すれば、当然ながら誤った意思決定や行動を招きます。

適時性と正確性については、しばしば「一方を重視すれば、一方が欠ける」という競合関係にあります。つまり、収集や処理に時間と労力がかかれば適時性が失われ、適時性を重視して時間に間に合わせることばかり気にすれば、幅広い収集と突っ込んだ分析はできません。すなわち状況に応じて両方の折り合いをつけることが重要となります。

ここで、適時性と正確性の折り合いという点で一例をあげます。

1970年11月25日、三島由紀夫氏が市ヶ谷の陸上自衛隊の東部方面総監室において自刃した際、最初に現場に臨んだ警察官は「三島氏が割腹自殺した。頸が落ちている。生死不明」と報告したとされます。この状況報告にはおかしな点がありますが、おおよそ正確であるし、一刻を争う状況においては及第点がつけられます。

そもそも、この世の中に百パーセント正確なインテリジェンスは存在しません。仮に、ある時点まではほぼ完全であったとしても、時間とともに状況は変化します。ですから正確性を高めるためにインテリジェンスの提供を逡巡することは禁物です。タイミングが命なのです。

以上をまとめると、インテリジェンスを扱う場合には「役に立つか?」「時間に間に合うか?」「ほぼ正確か?」の三点を常に意識しなければならないということです。

2 インテリジェンスとはいかなる知識か?

「敵」「我」「戦場」の三つを知る

インテリジェンスを「インフォメーションを処理して得られた、判断や行動に役立つ知識」と定義した場合、その知識とは具体的にどのようなものでしょうか?

『孫子』の作者である孫武(そんぶ)は「敵(彼)を知り、己を知れば、百戦して危うからず」(謀攻篇)、「天を知り、地を知れば、勝すなわち窮まらず」(地形篇)と説いています。すなわち、「敵」と「己」と「天地」を知れば、何度でも勝てると言っているのです。

ここで、天と地の違いについて少し説明を加えます。天とは気象のことですが、その本質は「流動的なもので時間とともに変化するもの」と捉えることができます。現代では国内外の環境情勢に相当するといえます。

一方の地とは戦場の地形のことであり、本質は「固定的な空間」を意味します。つまり地理的環境に相当します。

わが国の戦術では気象と地形の二つをあわせて「地域」と呼称しますが、戦略的な考察では彼我（ひが）を取り巻く戦略環境と捉えることができます。

要するに、情報分析が対象とする、「知らなければならない知識」とは、軍事においては「敵」「我」そして「戦場」です。国家安全保障における情報分析では「相手国」「自国」「戦略環境」になります。

そしてビジネス・インテリジェンスでは「競合他社（ライバル会社）」「自社」「経営環境（外部環境と内部環境）」ということになるでしょう。

敵を知ることは「戦わずして勝つ」ための一つ

敵を知るとは、敵が何のために（目的）、何をしようとしているのか（目標）、何ができるのか（能力）、何をしてくるのか（行動）を明らかにすることです。つまり、敵の意図（目的と目標からなる）と能力の両面を分析し、敵が何をしてくるかを明らかにすることが、敵を知るということです。

孫武は「明君賢将、動きて人に勝ち、成功衆に出でし所以（ゆえん）の者は、先知（せんち）なり」と説きます。

「先知」とは、「敵に先立って敵情や諸処の事情を知り、先の先まで見通しを立てること」です。

「先知」が得られれば、相手国に対する抑止戦略が可能となります。

このように国家安全保障において敵をいち早く知ることの重要性に異論はありません。

企業経営も熾烈な競争原理によって突き動かされており、ライバル会社というものが存在します。ライバル会社の採用する行動を事前に察知し、その対応をとることで、市場への新規参入などを断念させることも可能です。すなわち孫武が重視する「戦わずして勝つ」式の勝利の方程式が見えてくるのです。

国家安全保障であれ、企業経営であれ、敵を知ることは情報分析の重大な要素なのです。

我を知ることは敵を知るよりも重要

敵を知ることは情報分析の重大要素ですが、それが情報分析のすべてではありません。

孫武は「敵を知り、己を知れば、百戦して危うからず」のあとに、「敵を知らずして己を知れば、一勝一負す」と説いています。つまり、「我」を知ることで、最低でも引き分けに持ち込めると言っているのです。すなわち、自国、自社、そして自分自身を知ることは、敵を知ること以上に重要なことです。

しかし、「我」のことはいつでも知ることができると考えられているため、軽視されやすいのも事実です。先の太平洋戦争（大東亜戦争）では、敵対国である米国のことも知らなかったが、それ以上に補給・継戦能力、陸海軍双方の戦略・思考など、「我」に関するインテリジェンスがお粗末でした。まさに「敵を知らざれば、戦う毎に必ず敗れる」（謀攻篇）の状況にありました。

2001年9月11日の米国同時多発テロ以降、国家安全保障の主たる脅威は、国家から非国家を飛び越えてテロ組織になりました。存在が明確な冷戦期の敵対国と異なり、テロ組織の所在は不明確です。だから、テロ組織が何を考えているのか、どのような能力があるのかほとんどわかりません。

このため米国では「敵を知る」ことから「我を知る」、とくに「我の弱点を知らなければならない」という流れに変わってきています。そして「我の弱点を知る」ためのビジネス・インテリジェンスが盛んになったといわれています（『亡国のインテリジェンス』）。

つまり、不透明な社会において、「我」の力量を知ることはさまざまな分野において重要なのです。

「アウトサイド・イン」思考が重要

現代の戦争は総力戦です。さまざまな要因が戦争の趨勢に影響を及ぼします。よって国家安全保障では、わが国を取り巻く地理的環境を基礎に政治、経済、社会、科学技術、軍事などの要素からなる国際情勢を幅広く把握することが必要です。

グローバル社会では決定的な対立を回避するようになっている反面、いつ、どの分野で生起するかわからない不透明な危機が国境を越えて発生する可能性が高まっています。

このため、各国ともに敵対国が及ぼす脅威を明確にすることに加え、世界のトレンドに幅広く目を向け、脅威の源となる危機を見極めることが重視されています。

企業経営においては、単にライバル会社の動向を知るだけでは不十分です。世界的な市場の変化や、顧客の関心、資源供給ルートなどを知ることも大切です。また、これまでライバルだと思った会社がそうではなく、歯牙(しが)にもかけない会社がライバルになることもあります。これらの新規参入の会社についても知る必要があります。

つまり、自社とライバル会社が活動しているあらゆる環境下で、何が起こっているのか、何が起ころうとしているのかを知ることが要求されます。

外部環境から業界に及ぼす影響を考え、自社のビジネス環境を考察する思考法を「アウトサイド・イン」思考といいます。

複雑で先行きが不透明な現代社会では「敵」「我」だけではなく、まずは幅広く外部環境を考察することから始める「アウトサイド・イン」思考がますます重要になっています。

3 インテリジェンスと戦略・戦術の関係

わが国のインテリジェンス軽視の風潮

次にインテリジェンスを戦略・戦術との関係から見てみましょう。

国家の組織では、一般的に作戦部門、情報(インテリジェンス)部門が区分されています。旧日本軍では戦略・戦術を立てる作戦部署が重視されました。そして情報部署から提供された情報(インテリジェンス)を作戦部署が無視して、独断の戦略・作戦の立案と遂行に走るといった状況がしばしば生起しました。これが、誤った状況(情勢)判断を生み、無謀な作戦へと駆り立てたといわれています。

わが国は伝統的に情報(インテリジェンス)が軽視され、「先の大戦では情報戦で負けた」といわれています。逆に「米軍は情報戦で勝利した」と、ニミッツ提督は喝破しました。

今日の自衛隊においても、作戦部署に対して情報部署が、あるいは情報(インテリジェンス)が軽視される傾向はまったく改められていません。同じ過ちをいつか繰り返すのではないかと、筆者は内心危惧しております。

一般社会においても、インテリジェンスなしに戦略・戦術を立てようとする傾向がみられます。書店巡りしていても、企業経営のための戦略本は目にしますが、インテリジェンス関連の良書にはなかなか巡り合えません。

わが国の企業経営などのマニュアル本においては、戦略・戦術をいかに立てて実行するかの視点が強調され、その前提となるインテリジェンスをいかにして作成するかという視点は軽視されている気がします。

また、企業研修などではインテリジェンスの研究よりも問題解決や意思決定などの手法の研究が盛んのようです。このような趨勢が原因かどうかはわかりませんが、後述する「インテリジェンス・サイクル」（44頁参照）は、わが国のビジネス界にほとんど定着していないように見受けられます。

戦略や戦術を正しく立てるためには、インテリジェンスを得ることが前提となるということを、ここで再度強調しておきたいと思います。

戦略と戦術の違い

米軍では、インテリジェンスを「ストラテジック・インテリジェンス」（戦略的インテリジェンス）と「タクティカル・インテリジェンス」（戦術的インテリジェンス）に区分しています。

インテリジェンスには戦略に使用されるものと、戦術に使用されるものがあるということです。

したがって、インテリジェンスの概念を理解するには、その使用目的たる戦略・戦術の違いについても知っておくことが大事です。

一般のビジネス書では、戦略は「事業目的や経営目標を達成するためのシナリオ」などと定義され、「目的、目標、ゴール、方針」などといった言葉で表現されます。つまり、戦略とは「戦いに勝つための長期的な計略」「大局的な方針」の意味合いで認識されています。

一方の戦術は「戦略を実現させるための具体的な手段、方法、やり方」と定義されています。戦術は戦略によって規定された目的・目標を達成するための具体的な方法と認識されているようです。

要するに戦略とは「物事がいかにあるべきか（目的：What）を決定するもの」で、戦術は「物事をいかになすべきか（手段：How to）を決定するもの」ということです。

目的がなければ手段は存在しません。つまり、戦略は戦術に上位し、戦略という目的を達成するための手段が戦術です。だから、戦略がなければ戦術は効果を上げることはできません。

世の中のＩＣＴ化が進むなか、ＡＩは最善の選択肢を選ぶ戦術に対応できても、「いかにあるべきか」を決定する戦略には対応できません。(※)

だからこそ、これから戦略を立てる能力がますます問われます。

すなわち、国家であれ、企業であれ、小手先の戦術に右往左往するのではなく、まずはしっかりとした戦略を立てることが重要です。

（※）真野俊樹氏は著書『医療危機―高齢社会とイノベーション』の中で、AIの「画像認識」関連の技術進歩や米IBMのコンピュータ「ワトソン」などの普及によって、診断技術力が大きく向上するが、自分の治療方針をどう決めるか、自らの人生をどう生きるかを決定するのは患者自身で、AIはその解決策を出せないと述べている。

戦略とインテリジェンスの関係

戦略に貢献するという観点からインテリジェンスの役割を考えてみます。

戦略は、①目標設定段階、②計画段階、③実施段階、という三段階から成り立ちます。

目標はやみくもに設定するのではなく、戦略に影響を及ぼすさまざまな要因を考慮して、目的につながる目標を設定する必要があります。

計画段階では、目標を達成するための手段・方策を考察することになります。

実施段階では、戦略目標達成のための方策や具体的なアクションプランを発動し、それが目標の達成に向かって齟齬（そご）がないかを検証します。また、検証の結果を踏まえながら、方策の修正や目標の再設定が行なわれます。

目的と基本目標はまず不変であり、すべての前提ともいうべきものです。目的は漠然としたものですが、目的を達成するために設定される目標は具体的で、達成できるものでなければなりません。

国家、企業を問わず、ひとたび目標を定めたら、その目標に向かって物心両面のあらゆる資源を集中することになります。ですから目標を容易に変更することは禁物です。これを「目標の不変性」と

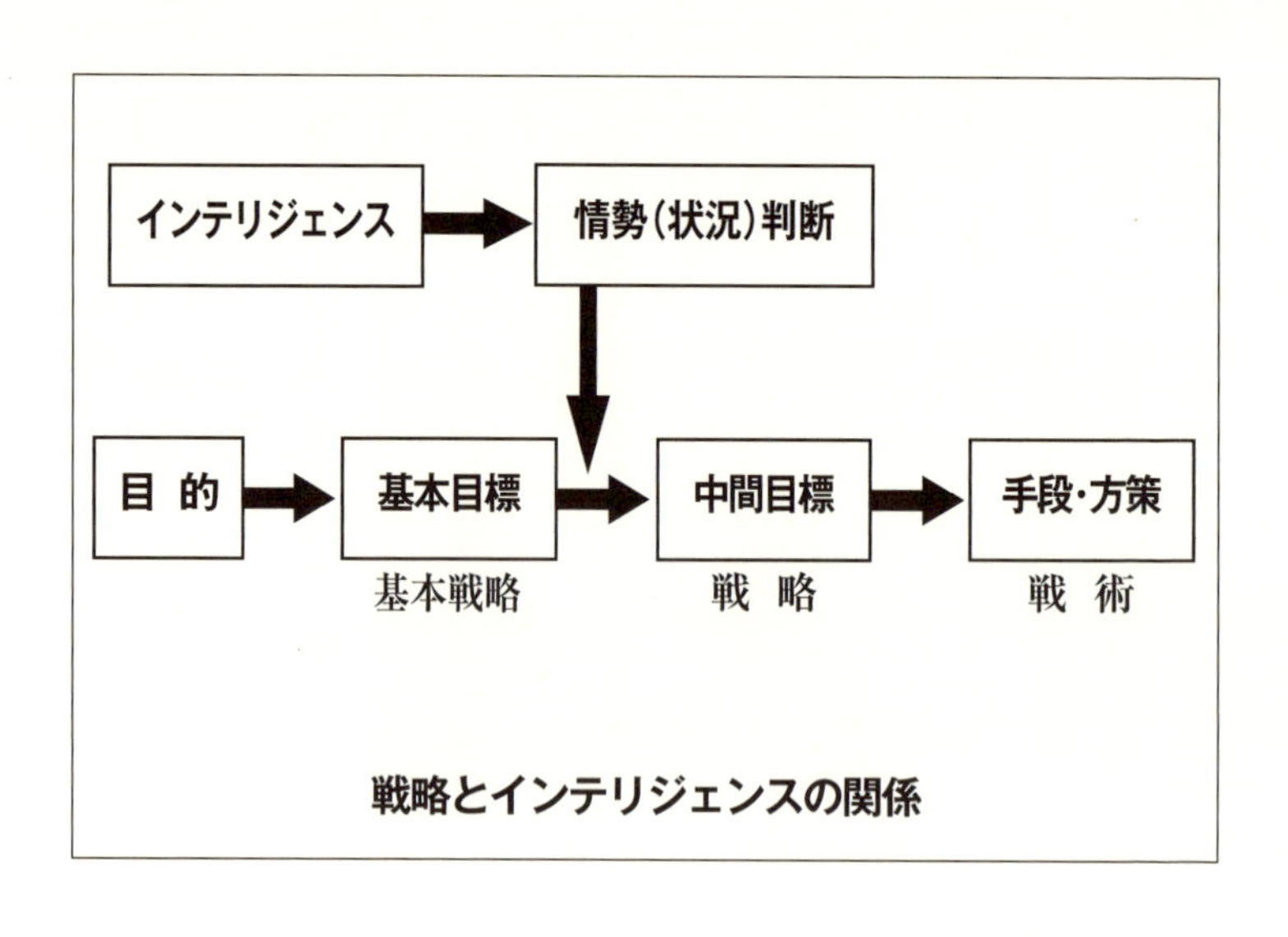

戦略とインテリジェンスの関係

いいます。

ただし、ここでいう目標の不変性は、目的から導き出される基本目標であることに注意が必要です。基本目標を達成するための中間目標については、「（中間）目標の可動性」が認められています。このことは、英国の戦略理論家リデルハートが指摘しています。

目標の設定、手段・方策の案出、戦略の修正・実行のサイクルを正常に機能させるには、その時々の判断が必要です。これを一般的に「情勢判断」あるいは「状況判断」といいます。

つまり、情勢（状況）判断とは、その時々において「いつ、どこで何をするか」（目標）、「いかにするか」（方法）を判断することです。情勢判断は中間目標の設定と中間目標を達成するための手段・方法を採用するために行ないます。そして、ほとんどのインテリジェンスは、この情勢判断を支援するために存在します。

国家や企業には生存、発展といった目的やビジョンがあり、そのための基本戦略があります。そこから当面の戦略や戦術が発生します。この関係を図式化したのが右の図です。

多くのインテリジェンスの役割は、目的、ビジョン、基本目標にもとづいて、当面の戦略や戦術の選択を支援するにすぎないのです。言い換えれば基本戦略から外れたインテリジェンスは価値がないということです。

4 カスタマーとインテリジェンス担当者との関係

インテリジェンスはカスタマーのもの

インテリジェンスが政策決定などに関わる使用者のためのものであることは明白です。使用者とは、インテリジェンスの提供を受けて戦略や戦術を立案し、意思決定し、具体的な行動に移す立場の者です。

使用者のことをインテリジェンス用語で「カスタマー」といいます。カスタマーは特定の一人である場合もあれば、複数の場合もあります。

カスタマーは国家であれば政策決定者や軍事指揮官、企業であれば企業経営者や管理権限をもった部長、課長などがこれにあたります。

情報分析官などのインテリジェンス担当者が作成したプロダクトをカスタマーが使ってはじめて、そのプロダクトはインフォメーションからインテリジェンスに昇華します。

情報を加工してプロダクトを作成した場合、理論上はその時点で情報からインリジェンスに転換しますが、それがカスタマーによって使われなければ、そのプロダクトのインテリジェンスとしての価値はさかのぼって否定されるということになります。

つまり、インテリジェンスがカスタマーから「有用性なし」と判断されれば、それはもはやインテリジェンスとは呼べません。

したがって、インテリジェンス担当者は、常に要求者であるカスタマーの立場で物事を考えることが重要です。

組織の目的や基本戦略を理解する

価値あるインテリジェンスを作成するためには、カスタマーとインテリジェンス担当者が互いに同じ方向を向く、一種の運命共同体の関係にある必要があります。

このためには、両者が組織の存在目的、基本戦略などに対する共通理解をもって、これらのために共に協力して働くという強い目的意識が重要です。

そして国家や企業のカスタマーは、国家目的、経営目的、企業理念(ビジョン)、基本戦略などを組織内に明示する必要があります。他方、インテリジェンス担当者は、これを明確に理解した上で、カスタマーに役立つインテリジェンスの作成を心がけます。

基本戦略を共有しなければ、価値あるインテリジェンスは生まれません。これに関して有名な「スニーカーのマーケット」の話をしましょう。

ある地域でスニーカーが売れるかどうか調査したところ、その地域では住民が裸足であることが判明しました。これを踏まえて、A調査員は「スニーカーは売れる」との「インテリジェンス・レポート」を報告し、B調査員は「売れない」と報告しました。これはどちらが正しいのでしょうか?

実はどちらも間違いではありません。ただし、すぐに売って当面の利益を得るという目的での短期戦略、あるいはリスク回避の戦略では、「現状は、あの地域の民族は、裸足の習慣なので売れない」と報告すべきでしょう。逆に新たな市場を開拓するという積極戦略が前提なら、「スニーカーを履かない人ばかりなので、莫大なマーケットが見込まれ、売れる可能性が大」が正しい報告になるでしょう。

「情報を集め、分析する」ことを任務とするインテリジェンス担当者は、その組織が有するビジョンや基本戦略は何か、何のために情報分析を行なうのか、インテリジェンスは誰のために、どのような目的で使用するかなどを明確に意識して、インテリジェンスを作成する必要があるということです。

遠すぎても近すぎてもいけない

カスタマーとインテリジェンス担当者との連帯関係が重要なことは言うまでもありませんが、口で言うほど簡単ではありません。実際には次のような問題が起こります。

カスタマーはインテリジェンスに関係なく戦略・戦術を決定する（インテリジェンス担当者が役に立っていない）。

- カスタマーは自分の戦略・戦術に適合するインテリジェンスだけを重視する。
- インテリジェンス担当者はカスタマーに迎合したインテリジェンスのみを提供する。

これらの問題は、両者の距離が遠いことに原因があります。交流がないため、カスタマーはインテリジェンス担当者の能力や活用方法がわからない、インテリジェンス担当者は自分の有用性をカスタマーに売り込めない。そのため、カスタマーによる情報分析者あるいはインテリジェンスに対する軽視が生じます。

逆に両者の距離が近すぎると、カスタマーによる圧力、インテリジェンス担当者の迎合が生まれ、インテリジェンスの客観性をゆがめることになります。後者の問題を「インテリジェンスの政治化」（72頁参照）といいます。

このように両者の関係が遠すぎても近すぎても、インテリジェンスの客観性は保持できません。言い換えれば、両者の適切な関係を維持することが良質なインテリジェンスを生成する秘訣です。

5 インテリジェンスの究極的な目標

インテリジェンスの三つの種類

安全保障におけるインテリジェンス（プロダクト）の種類には、大きく分けて基礎インテリジェンス、動態インテリジェンス、見積りインテリジェンスの三つがあります。

基礎インテリジェンスとは、相手国や国内外情勢に関する知識や情報を体系的に蓄積したものです。地理、歴史、政治、経済、軍事などの各項目についての知識・情報のデータベースであり、全般の状況（情勢）や特質などを把握するために主として活用されます。

動態インテリジェンスとは、まさにいま起きた事象に対する分析プロダクトです。これには何が起こったのかなど因果関係の解明や、今後どうなるかなどの短期予測が含まれます。発生した事象が単なる一過性のものか、それとも未来の方向性を決める重大なドライビング・フォース（影響要因）となるかを見極めるためのインテリジェンスです。

見積りインテリジェンスとは、基礎インテリジェンスと動態インテリジェンスを基に作成される体系的な未来予測です。

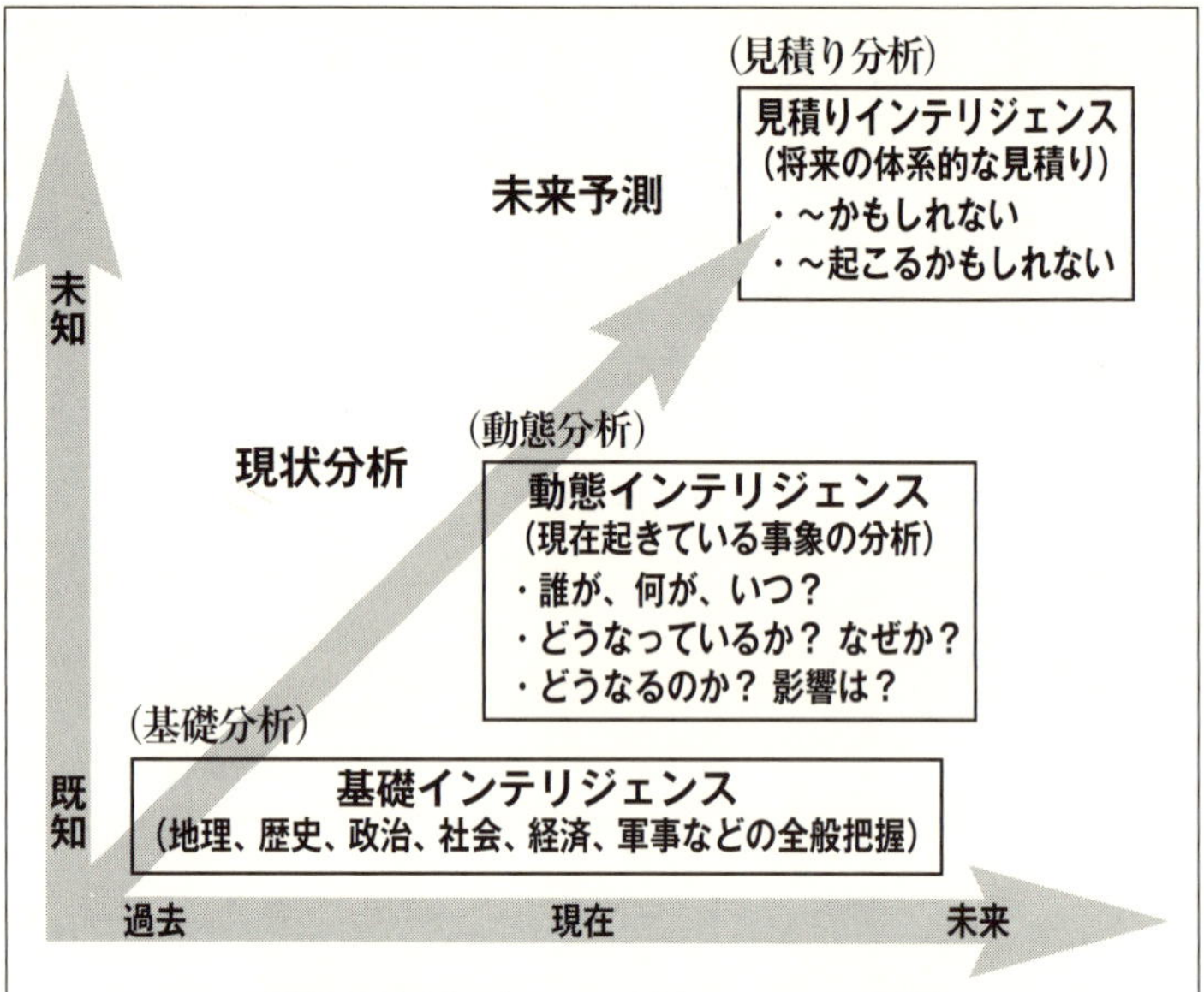

（見積り分析）
見積りインテリジェンス
（将来の体系的な見積り）
・～かもしれない
・～起こるかもしれない

未来予測

未知

（動態分析）
現状分析
動態インテリジェンス
（現在起きている事象の分析）
・誰が、何が、いつ？
・どうなっているか？ なぜか？
・どうなるのか？ 影響は？

（基礎分析）
既知
基礎インテリジェンス
（地理、歴史、政治、社会、経済、軍事などの全般把握）

過去　現在　未来

情報分析とインテリジェンスの関係

情報分析の意義については後述しますが、時間軸では、情報分析は現状分析と未来予測に大きく分けることができます。

また、インテリジェンスとの関係からは、基礎分析、動態分析、見積り分析に区分できます。

基礎分析は、基礎インテリジェンスを作成します。これは環境分析ともいい、既存の蓄積されたデータベースにもとづき、現在の状態を客観的に把握し、「問題を起こしている要因は何か?」などを明らかにします。

動態分析は、動態インテリジェンスを作成するために行ないます。これは、生起した事象を基礎インテリジェンスと照合し、「誰が、何が、いつ」（事実分析）、「どうなっているのか？」（相関分析）、「なぜ起きたのか？」（背景分析）、「どうなるのか？」（予測分析）、「我への影響は？」（影響分析）を短時間で行なうことになります。動態分析は現状分析でもあり、短期の未来予測でもあります。

見積り分析は、見積りインテリジェンスを作成するために行ないます。つまり、基礎インテリジェンスと動態インテリジェンスをもとに発想力や想像力を駆使して「〇〇かもしれない」「〇〇が起こるかもしれない」といった未来予測を行ないます。以上の関係を図式化したのが右の図です。

インテリジェンスの究極目標は未来予測

インテリジェンスの究極の目的は未来予測です。すなわち、見積りインテリジェンスの作成です。カスタマーは未来に向かって戦略を立て、計画を作成し、それを実行に移そうとします。企業経営者であれば、ライバル会社が今後どのような能力や意図を保持するか、自社の経営能力との差はどう変化していくか、経営環境はどのように推移するかなど、未来のことを知る必要があります。

個人であれば、この会社の将来がどうなるかを予測して就職したり、株価が上昇すると予測して投資を行なったりします。

未来の経済情勢を正確に予測できれば莫大な経済的利益を上げられます。同様に相手国の未来の行動を予測できれば、有効かつ効率的な安全保障政策をとることが可能です。未来のリスクを察知できれば適切な危機管理ができます。
インテリジェンスが未来に向けた戦略や戦術を決定するためのものと見た場合、われわれは未来予測という課題を回避することはできないのです。

未来予測とは不確実性の低減にほかならない

「一寸先は闇」ということわざが象徴するように、ＡＩやコンピュータなどの科学技術がいかに進歩しても的確に未来を予測することは困難です。ましてや遠い未来のことなど予測不能でしょう。ではいったいどうやってわれわれは未来予測という〝難攻不落の壁〟に向き合えばよいのでしょうか？

まず未来予測は未来を言い当てること、すなわち確実性を保証することだという考えを排除します。テレビに出演する評論家は「はい、北朝鮮は核実験を実施します」「はい、トランプ氏は大統領選挙で敗北します」というように明快に言い切ります。

しかし、これはインテリジェンスではありません。明快な論理と回答を好む視聴者と、自信と強さをアピールして視聴者を引きつけたい評論家の双方が「ウィンウィン」の関係をもって奏でる演出なのです。

安全保障分野の情報分析者も時には断言したい衝動にかられます。また、制度や歴史的経緯などの専門的知識が増えれば増えるほど、未来を予測できるかのような錯覚に陥ります。しかし、専門的知識は未来を予測する重要要素ではありません。

いくら専門的知識を蓄えたからといって、不確実な未来のことを無責任に断定的に述べるのは暴挙です。また、カスタマーに一時の気休め与えることが未来予測の目的ではありません。

では情報分析における未来予測とはいったい何でしょうか？　未来予測の目的は、カスタマーの「不確実性」(※)を低減することにほかなりません。つまり、「何かが起こる可能性がある」「こういうことは起きるかもしれない」と想定し、カスタマーが想定外の事象に遭遇して〝あたふた〟しない、これこそがインテリジェンスの究極の目的なのです。

（※）不確実性（Uncertainty）とは「確実性（絶対確実）」の反対語であり、事象が起きるか起きないかわからないという、意思決定者の不確かな精神状態をいう。厳密には、予測できるリスクと構造的不確実性（真の不確実性）、不可知の出来事に区分できる。リスクは起こりえる事象がわかっていて、それが起きる確率もわかっているもの、すなわち測定可能な不確実性をいう。構造的不確実性は、起こりえる事象はわかっているが、それが起きる確率が事前にはわからないもの、すなわち測定不可能な不確実性をいう。不可知の出来事は、想像もつかない出来事で、歴史的に不可知の事例は少なくない。（『シナリオ・プランニング―戦略的思考と意思決定』参照）

不確実性に対処する二つの手法

カスタマーの不確実性を低減するための分析手法には「もし、ならば分析」(What-If Analysis) と

「影響大／蓋然性小分析」（High Impact／Low Probability Analysis）があります。

両手法ともに、思いもよらない事象の発生を想定して、「その事象がどのような条件のもとで、どのような経緯で起こるか？」「事象が起きるきっかけや、発生を早めるかもしれない出来事にはどんなことが考えられるか？」を考察します。

この際、広い経験を積んだ専門家の助けを借りてブレーンストーミング（139頁参照）を行ない、〝急転直下のストーリー〟などを考えることが重要となります。

思いもよらない、蓋然性の低い事象が起こる仮説や、その仮説が起こる経緯などを明らかにしたならば、それが現実となり得ることを示す兆候のリストを作成します。

さらに、どのような要因が、望ましくない結果を回避し、良好な結果を招くことにつながるのかを特定します。

「もし、ならば分析」と「影響大／蓋然性小分析」は以上のような共通点が多々ありますが、前者は「どのような経緯でその事象が発生するか？」を考察して、その影響を受け入れるということが基本です。

この手法は「その事象が起きるか？」というクローズドクエスチョンから「どのようにしてその事象が起きるか？」というオープンクエスチョンへの発想転換を基本としています。（128頁参照）

後者の「影響大／蓋然性小分析」は「蓋然性は低いが、その事象が起きることで、どのような甚大な影響が出るか？」を重視して分析する手法です。

情報分析者は発生の蓋然性が低いものに対しては、分析を軽視する傾向が見られます。たとえば、イラン革命（１９７８〜７９年）、東西ドイツの統一（１９９０年）、ソビエト連邦の崩壊（１９９１年）が起きる蓋然性はいずれも低いと考えられていましたが現実に起こりました。そこで事後に「このような事態が現実になったら、いかなる影響があるかを考えておくことは必要」との反省から、この手法が米国で確立されました。

未来予測は容易ではありません。だから、一つの仮説だけでは想定外の事態に直面してあたふたすることになります。そのために、こうした手法が欧米の国家情報機関では推奨されているのです。

起こりえる複数の事象とその確度を明示する

カスタマーの不確実性を低減する最良の方法は、未来に起こりえる複数の事象と、その事象がどの程度の確率で起こるかを提示することだ、とされています。

その事象が起こる確率を、蓋然性あるいは確度（確証レベル）といいます。

それは、通常は「パーセント」をもって示されます。たとえば次のような天気予報があったとします。

①明日雨が降る確率は、０パーセント、あるいは１００パーセント

②明日雨が降る確率は、50パーセント

③明日雨が降る確率は、80パーセント、あるいは20パーセント

①のように、国家政策や企業経営において、関連する事象の発生率が0パーセント、100パーセントということは一般的にほとんどありません。では、②の50パーセントではどうかというと、これは「降るかどうかわからない」「降るかどうか言えない」ということであり、これでは判断や意思決定にあまり役に立ちません。

よって、③のように50パーセントを中心に上下の幅を確度として提示することが、カスタマーの判断と意思決定を支援することに役立ちます。

たとえば、雨が降る可能性が40パーセントなら「少々のリスクはあるが、予定どおり屋外で行事を実施しよう」、あるいはその可能性が60パーセントなら「明日の行事は体育館に変更しよう」、80パーセントでは「中止にして別の行事に切り替えよう」と判断することになります。

1961年、CIAがカストロ政権を倒すために、亡命キューバ人によるビッグス湾上陸作戦を計画したとき、ジョン・F・ケネディ大統領は軍に対して、この作戦が成功する確度を尋ねました。

統合参謀議長は、計画が成功する可能性は「十分ある」と結論づけました。しかし、「十分ある」という文言を書いた人物はその後、「1対3で成功する確率の方が低い」と考えていたと語ったようです。だが、ケネディは「成功の可能性は十分ある」と肯定的にとらえたようです。

そこで、伝説の情報分析官シャーマン・ケントは、「可能性がある」という表現を安易に使うこと

確実性	可能性の度合い
100%	確実
93%(±6%)	ほぼ確実
75%(±12%)	可能性が高い
50%(±10%)	五分五分
30%(±10%)	可能性が低い
7%(±5%)	ほぼ確実にない
0%	ない

パーセント数字の意味付け

を原則禁止しました。そして、情報分析官は可能な限り評価の幅を絞らければならないとして、混乱を避けるために上の表のようにパーセント数字を意味付けしました。

しかし、ケントの提唱は長らく情報分析官に受け入れられることはありませんでした。これは「美意識に欠ける、品がない」といった情報分析官の個人的な抵抗や、「主観的判断であるにもかかわらず、インテリジェンスの受け手に客観的事実として捉えられてしまう」という懸念からでした。

ところが2003年のイラク戦争において「サダム・フセインは大量破壊兵器を隠している」という誤った判断を下した反省から、CIAは確度を明示する必要性をようやく認識しました。

CIA分析官がオバマ大統領に、パキスタンの施設にいる怪しい男がウサマ・ビンラディンである確率は「70

パーセント」あるいは「90パーセント」と伝えたのは、すでに鬼籍に入っているシャーマン・ケントにとってささやかな勝利といえるでしょう。（『超予測力—不確実な時代の先を読む10ヵ条』）

シナリオ・プランニングの活用

仮説とは情報分析を経て結論になる「仮の結論」です。未来予測において、「○○が起こるかもしれない」とか、「○○が起こる可能性は○○パーセントである」とか、分析を行なうまでに「仮の結論」述べることになります。

前述のように、起こるかもしれない事象を複数提示し、それぞれの蓋然性を評価することになりますが、これは複数の未来仮説を提示することから分析が開始されることになります。

他方、近年は未来予測とは異なる、不確実性を低減する手法として「シナリオ・プランニング(※)」が注目されています。これは「Aが起きる」「Aが起きる蓋然性はBやCが起きる蓋然性よりも高い」といった断定的な結論を回避して、「AもBもCも等しく起こり得る」という前提で、対処すべき戦略を考える手法です。

ここでは、仮説ではなく、シナリオ(※※)という未来における叙述形式の物語が用いられます。複雑な未来を理解するのに断定的な結論ではなく、立体的な物語形式によってこそ理解が可能であるとの理由からです。

シナリオ・プランニングは国家機関だけでなく企業でもよく用いられます。不確実性を低減する手法として、最近はますます重要視されています。

なお、シナリオ・プランニングの基本的な考え方と手順については第5章で解説します。

（※）文献によっては、シナリオ・プランニングを未来予測の一つの形式として扱っている場合もあるが、あえて両者を区分することにより、シナリオ・プランニングの特性を浮き彫りにしているケースが多い。

（※※）シナリオの定義に明確なものはなく、さまざまに解釈されている。シナリオと未来仮説を混同する場合もある。ただし、筆者は、未来仮説とは「端的かつほかとの相違点が明瞭な未来の選択肢（相手の可能行動や採用方針など）」、シナリオは「未来における現在進行形の物語」といった語感で使用している。つまり、未来において起こりうる可能性のある複数の情勢や事象、対象（相手側）がとりうる代表的な複数の選択肢、それら情勢や選択肢の採用に至る筋道などを総称するものとして認識している。

第2章　情報分析力を身につける

本章は、組織レベルで行なわれている「インテリジェンス・サイクル」と情報分析に関係するインテリジェンス理論について述べます。

個々の情報分析者が実施する情報分析の要領や留意事項については、第3章以下で紹介します。

1　「インテリジェンス・サイクル」

カスタマー（使用者）から依頼を受けたインテリジェンスサイドが情報を収集し、情報を分析し、インテリジェンスを作成して、インテリジェンスをカスタマーに提供（配布）するまでの一般的な流れを説明します。

国家安全保障の情報活動において、このような活動を一般に「インテリジェンス・サイクル」と呼びます。というのは、この活動が半永久的に繰り返されるからです。

以下は、米ＣＩＡの「インテリジェンス・サイクル」を示したものです。

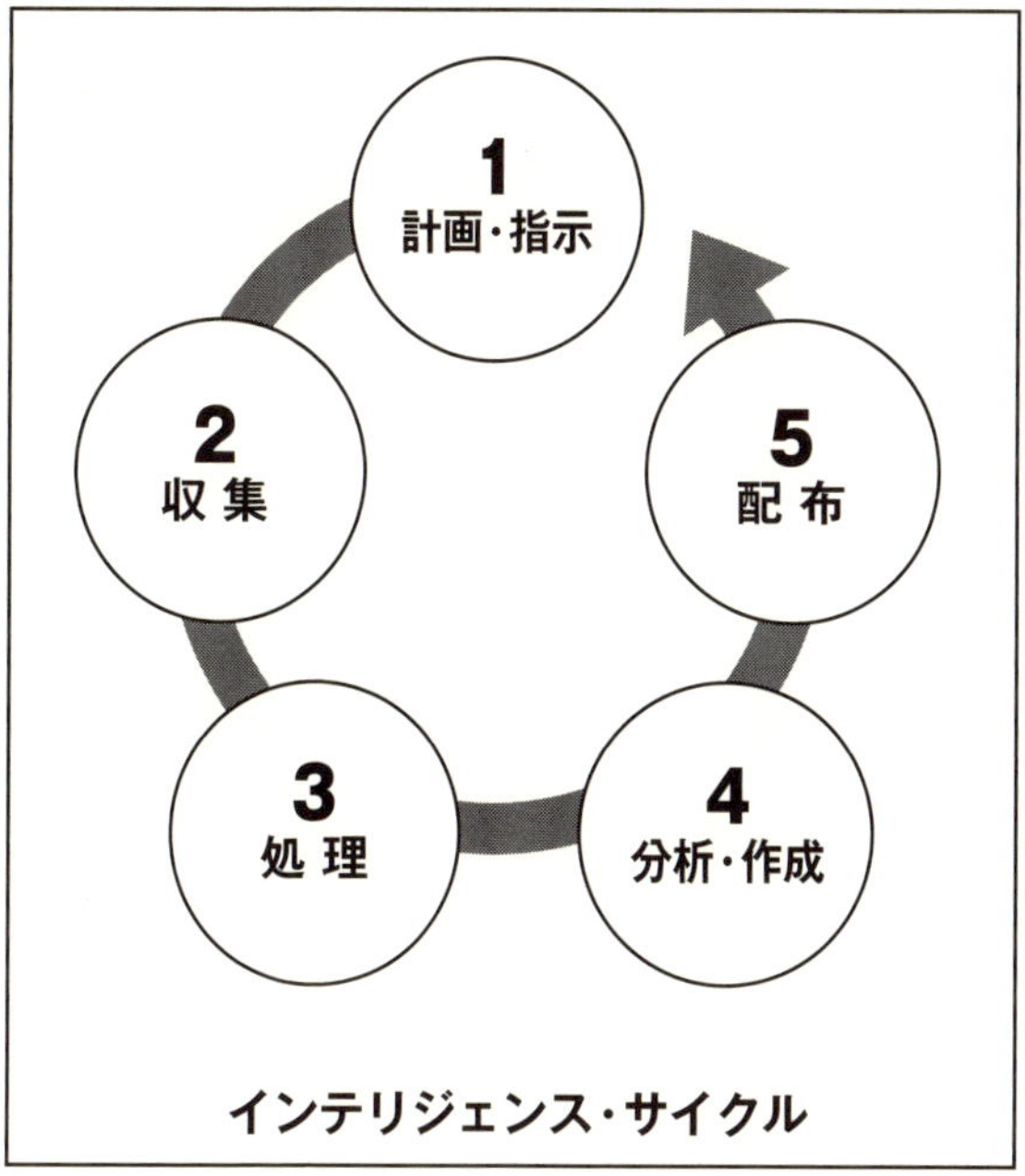

1 計画・指示
2 収集
3 処理
4 分析・作成
5 配布

インテリジェンス・サイクル

①「計画・指示」(Planning & Direction) の段階

カスタマーから「A国の情勢はどの程度安定しているか?」という質問、すなわち情報要求（後述）が出される。

②「収集」(Collection) の段階

情報要求にもとづいて、収集機関や分析機関がA国の新聞や報道のほか、国内外の重要人物から関連情報を得る。さらに通信傍受や偵察衛星をA国に指向する。すなわち、オールソース（全情報源）への接触や開拓が開始される。

③「処理」(Processing) の段階

映像・画像の解析、メッセージの解読、

外国語放送の翻訳、テレメトリー信号[※]の解析、暗号の解読、ヒューミントから入手した情報をわかりやすい形や文脈に整理。さらに後日の分析のために情報を使用しやすいようにキーワード（属性）を付与し、データベース化する。

④「分析・作成」（Analysis&Production）の段階

「処理」され、データベース化された情報（あるいはインテリジェンス）を使って、使用者の情報要求に応えるインテリジェンスを作成する。

⑤「配布」（Dissemination）の段階

口頭報告、あるいはインテリジェンス・プロダクト（文書形式、デジタル形式）として配布される。

ビジネス界におけるＣＩ（競合インテリジェンス）で使用されているサイクルも、ＣＩＡモデルとほぼ同様です。（詳細は北岡元『インテリジェンス入門―利益を実現する知識の創造』など参照）

（※）弾道ミサイルや人工衛星などに搭載された機器から地上レーダーサイトなどに向けて発信される信号。この信号を解析することで、弾道ミサイルの飛行時の速度、高度、姿勢、飛行距離などがわかる。

2「計画・指示」の段階

情報要求とは何か？

国家安全保障におけるインテリジェンス理論では、カスタマーが「何を知りたい」「こんなことを知りたい」というインテリジェンス・ニーズ（質問）を発出することが原則です。

このニーズを「インテリジェンス・リクワイアメント」あるいは「インフォメーション・リクワイアメント」（以下、情報要求という）といいます。

情報要求は、カスタマーとインテリジェンス担当者の連結管みたいなものです。これを通じて、両者の関係は基本的に維持されることになります。しかし実際には、情報要求が発出されず、有機的な情報活動が行なわれないという問題がたびたび指摘されています。

一般企業においても、企業トップが具体的な情報要求を発出する体制になっているかは疑問です。

目標指向の弊害

アンテナには指向性アンテナと全方向性アンテナがあります。情報要求は、目的および目標をもって情報を収集・分析させることであり、指向性アンテナです。情報要求によって指向性を付与することを目標指向といいます。

目標指向は、限られた時間・経費・労力の中で目標に集中して収集と分析を行なう効率的な方法です。しかし、関心がある、特定トピック以外の分野で生起している事象を見逃してしまう弊害があります。

1998年5月、インドは核実験を行ないましたが、米国情報機関はインドの核実験の準備を事前に探知することに失敗しました。その原因を独立情報調査委員会は「米政府が情報機関に対して『無頼国家』(ローグ・ステイト)に集中して大量破壊兵器の秘密開発の調査を行なうよう指示していたため」と総括しました。

つまり、イラン、イラク、リビアおよび北朝鮮といった特定国に対する情報収集と分析が長期間続けられて、ほかの分野に対する専門性が失われてしまったのです。

こうした経験から、組織としては、目標指向によって重大な情報関心が欠落していないかを、より多角的な視点からチェックする態勢を保持することが重要です。

「鶏と卵」の問題

「カスタマーが情報要求を出さない限り、情報機関は情報を収集せず、インテリジェンスも作成できない。一方、カスタマーもインテリジェンスの提示がなければ、事態の深刻さが理解できないため情報要求を発することはできない」。こうしたジレンマを、「鶏と卵」の問題といいます。

冷戦中は西側諸国にとって、共産圏という明確な情報収集対象があったので、情報要求がなくても、共産圏を見ていれば問題は生じませんでした。

しかし、冷戦後は脅威が多様化したため、ブルース・バーコウィックが著書『情報機関を立て直すには（Better Ways of Fix Intelligence）』の中で「鶏と卵」の問題を指摘しました。

その問題の解決策としてバーコウィックは情報サイドとカスタマーサイドとの交流強化を提唱しています。「インテリジェンス担当者は極端に言えば積極的に外に出て、カスタマーを直接知り、自らのプロダクトを売り込むくらいでなければならない」と主張します。

ビジネス・インテリジェンスでは、情報分析者の積極性はより求められるようになっています。

ただし、国家安全保障の場では、これは後述する「インテリジェンスの政治化」（72頁参照）という別の問題に発展する可能性があります。

3 「収集」の段階

オシントで90パーセント以上のことがわかる

情報収集の手段は、公開情報源と非公開情報源に分けられます。さらに非公開情報源は、ヒューミント（ＨＵＭＩＮＴ：人的情報源）とテキント（ＴＥＣＨＩＮＴ：技術的情報源）に区分されます。政府情報組織の情報分析官は、ほとんどの情報源に接する権利を有しています。筆者もかつては多くの非公開の情報に接していました。

しかし、非公開情報がなくても心配には及びません。オシント（ＯＳＩＮＴ：公開情報源）で90パーセント以上のことがわかります。これはインテリジェンスの世界では常識です。

ＣＩＡ分析官のシャーマン・ケントは「米国では情報公開が進んだことからその比率は95パーセントにまで増加した」と述べています。

実際にオシントから価値あるインテリジェンスが得られた事例は多くあります。ケネディ米大統領は１９６２年のキューバ危機において『タス通信』を根拠にソ連がキューバからミサイルを撤去したか否かを判断しました。１９９０年の湾岸戦争時、米国はイラクの内部事情を把握する際にＣＮＮの報道を参考にしました。

これらの事例は、一般人であってもオシントのみで国際情勢の情報分析ができることを示唆しています。ましてやインターネットの発達により、世界中の情報源にアクセスできます。国際情勢の分析であれ、ビジネスの分析であれ、有力なオシントに接する機会は飛躍的に増大しているのです。

第一次情報と第二次情報

最初の情報源のことを第一次情報源といいます。第一次情報源から情報を受けた情報源を数次情報源といいます。また第一次情報源からの情報を第一次情報、数次情報源からの情報を数次情報と呼称します。一般的には数次情報をまとめて第二次情報として区分しています。

第一次情報とは主として本人が実際に直接、目にした耳にした情報です。これに対し、第二次情報は第三者を介して得た、あるいは第三者の思考や判断が加味された情報です。

新聞やテレビにおける指導者の発言なども、新聞社などによる都合のよい〝切り抜き〟や〝継ぎ接ぎ〟があるので、厳密には第一次情報とはいえません。なお報道情報では、報道されない箇所にむしろ重要なメッセージが隠されている場合が少なくありません。

インターネット上では、大量の垂れ流し記事や伝聞情報が掲載されています。これらは複数媒体による仲介が加えられている第三次、第四次情報の場合が多いようです。

情報は伝言ゲームのようにして伝わります。したがって、最初の情報が複数の媒体を経て伝達されるうちに、内容がゆがめられることになります。また、各媒体が恣意的な解釈を加えて事象をゆがめ、受け手の行動を意図どおりに誘導することがあります。

したがって、できる限り第一次情報源に近いものを見聞するのみならず、現場に直接赴き、見聞することが原則です。「百聞は一見に如かず」ということでしょう。

4 「処理」の段階

情報はデータベースとして蓄積

情報処理は情報分析における重要な一過程です。かつてベトナム戦争において米軍が撮影した航空偵察写真がデスクの引き出しいっぱいに膨れ上がり、一度も使用されなかったが、もし整理されていれば多くの兵士の命を救えた可能性があったと指摘されました。

情報の処理は、選別、分類、評価および保管に分けられます。情報は、これらの過程を経て、データベースとして蓄積することになります。

国家組織に限らず、大企業、学校などはいずれも独自のデータベースを保有しています。膨大なデータベースを作成するのは非常に時間と労力がかかります。だから、国家組織では専門の処理機関をもって行なうのが原則です。

データベースにさまざまな情報を入力する際に、日付のほかにキーワードが入力されます。

たとえば、北朝鮮のミサイル関連の情報をデータベースに蓄積しようとすれば、あとで特定しやすいように「北朝鮮」「ミサイル」「技術」といったキーワードを一緒に入力することになります。キーワードを入力することで、その情報が一つの性質や特徴を持つことになります。これを「属性」といます。

情報は「劣化」する

情報は生ものであり、腐りやすいという特性があります。とくに見たもの、聞いたものはどんどん変化していきます。

１９５７年に『戦略情報（Strategic Intelligence Production）』を発表した米国の情報将校ワシントン・プラット准将は「戦闘時における戦術情報はその価値の半分を６日間でなくしてしまう。道路、橋梁などの兵用地誌的な情報はおよそ6年間でその価値を半減する」と述べています。今では半永久的施設であってもその逓減率はさらに大きいでしょう。

ビジネスの情報ならなおさら早く陳腐化し、価値が失われていくことになります。したがって、できる限り新しい情報に接する、古いものは刷新して最新の状態にしておくことが原則です。

ただし、情報は新しい方が正しいというわけではありません。新情報に惑わされて、本来の正しかった分析を変更するという過剰反応は避けたいところです。

よって新情報の情報源は正確か、どのように情報を収集し、いかに伝達されたかを検証することが必要です。さらに既存の情報と照合して何が変化したのか、変化をもたらす環境の変化はあったのかなども検証します。

情報源の信頼性	情報の正確性
A：信頼できる（Reliable）	1：真実である（Confirm）
B：おおむね信頼できる（Usually reliable）	2：たぶん真実である（Fairy true）
C：かなり信頼できる（Fairy reliable）	3：おそらく真実である（Possibly true）
D：必ずしも信頼できない（Not Usually reliable）	4：真実か疑わしい（Doubtfully true）
E：信頼できない（Unreliable）	5：ありそうにない（Improbable）
F：信頼性を判定できない（cannot be judged）	6：誤報である（Misinfomation）
	7：欺瞞である（Deception）
	8：真実かどうか判定できない（cannot be judged）

情報の評価基準

情報の評価と情報源の評価は異なる

情報処理の一環として情報を評価するという作業があります。これは、情報の「良し悪し」を評価することです。誤情報、偽情報（ディスインフォメーション）、インテリジェンスの正確性を高めるためには情報の評価が重要です。

情報の評価は、情報源の信頼性（Reliability）の評価、情報自体の正確性（Credibility）の評価に大きく分けられます。

前者の情報源の信頼性は、情報を発信した情報源が信頼できるかどうか、複数の情報源から裏づけがとれるかということです。

後者の情報の正確性は、妥当性、一貫性、具体性、関連性という四つの尺度で評価します。

（『戦略的インテリジェンス入門』）

情報源の信頼性が高ければ、情報の正確性も高くなりますが、この両者に直接的な関連性はありません。

なぜなら、情報源、とくに専門家は、時としてプライドやメンツから「知らない」とは言えずにいいかげんな回答をする、また政治家や国家組織は政策誘導などの目的から意図的に嘘をつくことがあるからです。信頼性の高い情報源であっても伝達段階で誤った情報に転化することも珍しくありません。

ですから情報源が信頼できるかどうかと、情報が正確かどうかは分けて判断します。

要は、情報源の信頼性にかかわらず、正しい情報もあれば誤った情報もあるということなのです。(※)

米情報機関では、情報源の信頼性と情報の正確性について右の表のように評価基準を設けています。

(※)「ウィキペディア」は、しばしばその記事の正確性に対する疑義が生じている。これは不特定のボランティアによって書かれているという点に原因がある。つまり情報源の信頼性が低いということである。これについて、正確さに定評のある雑誌『ネイチャー』のオンライン版(2005年12月)に次のような記事が掲載された。「ボランティアによって書かれた400万近い項目を擁するオンライン百科事典『ウィキペディア』は「科学分野の話題を扱った項目の正確性において『ブリタニカ百科事典』に匹敵する」(AP通信、2005年12月19日)「ウィキペディア」の一部には不確実な情報があるが、さまざまな人が記事を目にして、誤りを指摘するなど、常に衆目を浴びているという利点がある。これを「群衆の英知(叡智)」という。

5「分析・作成」の段階

情報分析とは何か?

情報を収集・処理したら、次は情報を分析してインテリジェンスを作成します。

情報分析とは、その語義から、「集めた情報を分析して結論を出す」という意味です。

しかし、集めた情報を処理することも分析の一過程であり、分析するために必要な、あるいは不足した情報を再収集することも、分析と同時並行的に実施されます。

だから、「情報分析」といった場合、分析のみならず、情報の収集や処理に関することも含めた広義な語義として認識されることが一般的です。ただし、前述のインテリジェンス・サイクルに照らせば、「分析・作成」の段階における情報業務のことを指します。厳密にいえば、この段階は、情報の「分析」とインテリジェンスの「作成」に分かれます。さらに作成は「統合」と「解釈」から成り立ちます。

そうはいうものの、分析・統合・解釈は、明確に区分できるものではありません。これら三者はフィードバックを繰り返しながら、情報から意義あるインテリジェンスへと高められます。

こうしたことから、本書における情報分析は、情報からインテリジェンスを作成する業務の全体といった語感で使用します。すなわち目標指向、情報の収集や処理も含めた広範な用語として用います。

あえて、収集、処理、統合、解釈などと区分する場合は、「情報」を冠することなく「分析」と呼称します。

分析とは事象を分類して特徴を見ること

「分析」という字は、刀で切り分ける、木を斧で細かく切るという二つの漢字からなります。

つまり、分析は事象をあるカテゴリーに分類して、それぞれの特徴を見ることで、事象全体の実態や本質を明らかにすることです。つまり、機能別、時系列、地域別に分類して物事の本質を正しく理解する作業です。

機能別の分類とは、たとえば複雑な国際情勢を分析する際に、政治・経済・社会・軍事といった構成要素に区分することです。

体の具合が悪ければ血液検査を受けて、血糖、尿酸、コレステロールなど項目別に数値を診ることで病気が発見できますが、これも事象を機能別に分類して分析を行なっているのです。

時系列の分類とは、ある事象を過去から現在までの時間軸で分類するものです。主要な転換点や分岐点があれば、その前後で時代を区分します。たとえば、国際情勢をプレモダン、モダン、ポストモダンや、冷戦期、ポスト冷戦期に区分して、その特質を分析します。

分けるという概念から発展したものが「比較」です。主な比較方法には縦の比較と横の比較があります。通常はこの二つの比較を組み合わせて分析します。

たとえば、縦の比較では最近5年間の血液検査の数値を比較して、「健康状態や生活習慣が改善された」と分析します。

横の比較では「基準値と比較して血糖値が高い」と外部の要素と比較したり、「身長に比して体重が重い」など内部の構成要素と比較したりします。

こうした分析は判断や行動の準拠となるインテリジェンスに結びつかなくてはなりません。つまり、さまざま分析の結果を「このままの生活をしていると病気が発生する可能性がある」と総合判断して、「禁酒する」「投薬を開始する」といった決断と行動を行なうことになります。

統合と解釈がインテリジェンスの価値を生む

統合とは、分析された事実を組み合わせて、より大きな意義のあるインテリジェンスを作成することです。

一般的には、入手した情報をある事実、ある観点から体系的に分類し、それぞれ分析します。次にその事実と関連のある既得の情報やインテリジェンスと照合し、広い視野からその事実の内的・外的関連を明らかにします。

「情報分析官の仕事は、素材を細く刻む肉屋と、素材をこね上げるパン屋を兼ねる」という比喩がよく用いられる所以です。

解釈とは、統合されたインテリジェンスの何が重要かを解釈することです。つまりインテリジェンスの意義を決定することです。これはカスタマー（使用者）の情報要求に対して、結論を述べることでもあります。

解釈においては、しばしばわが方への影響性が述べられます。

たとえば「米朝首脳会談後の対米交渉が思惑どおりに進展しない場合、北朝鮮は、関係国が行なう経済制裁に対する切り崩し、日・米・韓の連携阻止を狙って、わが国に対して『拉致再調査』などの政治的な揺さぶりを仕掛けてくる可能性がある」といった内容になります。

情報分析は、分析だけで終わっては意味がありません。統合と解釈を経てはじめて、価値あるインテリジェンスとなります。

なお、分析・統合・解釈によって情報からインテリジェンスを作成する要領は、拙著『戦略的インテリジェンス入門』で、北朝鮮情勢を例に解説しています。

サイエンス派とアート派

経営に必要なのは「スキルかセンスか」で意見は分かれますが、上級経営者になるほどセンスが必要とされるそうです。

同様に、情報分析には「サイエンスかアートか」という二つの考え方があります。熟練した情報分析者になるにつれてアートの領域が拡大します。また、前述の「分析・統合・解釈」については、この順にサイエンスからアートの領域が拡大することになります。

サイエンス派はアルゴリズムを重視します。これは「人間やコンピュータに仕事をさせる時の手順」です。一歩ずつ手順を経て解答を導き出す思考法であり、論理的思考に該当します。さらに、演繹法よりも帰納法を重視します。

アート派はヒューリスティックを重視します。ヒューリスティックの語源はギリシャ語の「発見する」で、「自己の直感や洞察にもとづき、複雑な問題に対する、完璧ではないがそれに近い回答を得る思考法」のことです。

ヒューリスティックは創造的あるいは直感的思考法に該当します。また演繹法を重視します。

サイエンス派は、しばしば議論を中断させ、堂々巡りを招きます。一方のアート派は、物事の本質を直観的に見抜き、結論に早く到着するという優位性があります。

近年、サイエンスの領域におけるＡＩの代替性が高まっていますが、アートの領域ではＡＩも機能を十分に発揮できないといわれています。よってアートの重要性が強調される傾向にあります。

しかし、「ベテラン医師であればあるほど豊富な経験と知識に頼って診断する傾向が強く、その結果、誤診する」というように、注意しないと誤ることがあります。これを、「ヒューリスティックによる過ち」といいます。

この過ちはしばしば無意識のバイアスによってもたらされます。なお、バイアスについては、第3章「情報分析はなぜ失敗するか？」で解説しています。

結局のところ、サイエンス派とアート派の両派を集団組織の中で適切に活用する、あるいは個人の中でヒューリスティクとアルゴリズムを併用することが、早くて誤りのないインテリジェンスを作成するコツといえます。

プロダクトに必要な要件

インテリジェンスをカスタマーに使ってもらうためには、プロダクトを作成して、報告あるいは配布する必要があります。

カスタマーに使ってもらう有用なプロダクトであるためには次の要件が必要です。

第一に、情報分析者の解釈やメッセージ性があることです。すなわち「何（What）？」だけではなく、「だから何（So What）？」が明確になっていることです。つまり、カスタマーにとって「プロダクトはどのようなことを意味しているか」「提示する結論のどの優先順位が高いか」「何に注目すべきか」などを理解できなければなりません。なお、多忙なカスタマーは、「何に注目すべきか」より「何を注目しなくてもよいか」に価値を置く傾向にあることも考慮します。

第二に、事実と分析が区別されていることです。カスタマーにとって情報分析者からのインテリジェンスがすべてではありません。それはカスタマーが持っている情報源の一つにすぎません。カスタマーはさまざまな情報源から判断することになります。その際、事実なのか、分析なのかの透明性を求めます。つまり、事実にはそれを裏付ける情報の出所が、分析には理論的根拠がしっかりと提示されていなければなりません、

第三に、理解しやすい構成になっていることです。タイトルは簡潔にして、何が起こっているか（事実関係）、どのようなことを意味するかが理解できるよう考慮します。たとえば、「X国ミサイル発射。新型ミサイル開発か？」といった具合です。

一例ですが、プロダクト（文書）は、事実関係→事実関係を補強する論拠および情報源→結論（今後の方向性・見通しなど）と、その理論的根拠→注目点（注目しないことも含む）といった順次内容になります。

一般的な文章では、最初に根拠付け（なぜならば）を述べてから、最後に結論（何が言える）を書きますが、インテリジェンス・レポートでは、分析の結論（何が言える）を先に述べてから根拠付け

（なぜならば）を述べるという構成が推奨されます。

これは「カスタマーは忙しい」「カスタマーにとって情報分析者は一つのツールにすぎない」などの理由によります。だから、最も言いたいことを強調するため、それを先に述べ、場合によって太字やゴシック体で強調します。

作成するプロダクトの種類は？

プロダクトには、文書報告、口頭報告およびプレゼンテーションの形式がありますが、以下、それぞれのプロダクトの特性を述べます。

【文書形式】

プロダクトの中で最も多いのが文書形式です。文書形式はパワーポイント形式などに比べて作成時間が短く、大量のインテリジェンスをさまざまなカスタマー（読者）に一斉配信できるという利点があります。しかし一方的な提供であるがゆえに、独善的になりやすい欠点があります。そこで、読者を絶えず意識し、読者が必要としている事項を理解できるような言葉で表現することが必要です。

文書は簡潔性（Conciseness）、正確性（Correctness）、明瞭性（Clarity）の３Ｃが重要だとされます。

- 簡潔性…文章の重複を避け、シンプルな構文を心がける。回りくどい文章では重要なインテリジェンスが埋もれてしまう。

●正確性…「事実が正確であるか」「誤字脱字がないか」。分析内容を承知していない第三者に文章チェックを依頼するのもよい。自分で校正する場合は、未解決の問題や疑問点に付箋を付けて、取り落としのないようにする。

●明瞭性…「明快で理解しやすい文書を書く」。できるだけ短文(※)を心がけ、受動態よりも能動態を多用する。代名詞を避け固有名詞を使用し、会話の部分はそのまま話し言葉を再現する。

【口頭報告や発表資料】

口頭報告や発表には時間の制限があります。内容を盛り込みすぎず、時間に応じた情報量に留意します。報告する時間が短いほど内容の吟味が必要です。

プレゼーションソフトの「パワーポイント」が普及して以降、プロダクトの技巧が求められ、発表資料の作成に時間がとられるようになりました。

しかし、分析とプロダクトの作成はある種の競合関係にあります。作成段階で分析内容が深化するという付加価値はあるものの、多くの場合は「思考停止の状態」になっているのが実情です。(※※)

プロダクト作成に集中しすぎて、報告時に重大な状況の変化を見落とすことがないように注意します。

（※）カスタマーは多忙なため、長文を読んでいる時間はない。『トム・ソーヤーの冒険』で有名な米国人作家のマーク・トウェインは、友人への手紙で、「短いのを書いている時間がないから長いのを書いている」と言ったことを肝に銘じる必要がある。ただし、カスタマーの理解を得るため、本来複雑なものを簡略化しすぎて、文意を変えてしまっては本末転倒である。長い文書にならざるを得ない場合は、要旨を巻頭に記して、カスタマーに配慮することとする。

（※※）組織全体の売上げは2割の社員が生み出し、その2割がいなくなれば、残りの8割のうちの2割が全体の売上げをもたらす。これはイタリアの経済学者ヴィルフレド・パレートが発見した「80対20の法則」あるいは「パレートの法則」として知られる。この法則によれば、仕事の成果の8割は、費やした時間全体の2割の時間で生み出されていることになる。つまり残り2割を完成させる方が時間がかかる。しかも10割には永遠にもっていけない。誤字・脱字の訂正、文章の推敲、見映えのよいプレゼン資料作成などは大事だが、プロダクトの完璧性を求めるあまり、本来やるべき分析業務がおろそかになっては元も子もない。一人で物事を完璧に行なおうとせず、8割完成に精神を注力する。そして、残り2割は仲間と共同して行なえばよい。

6 「配布」の段階

インテリジェンスはカスタマーに届けられ、それが使用されてはじめて生命が宿ります。したがって、インテリジェンスを作成して満足するのではなく、提供するまで気を抜けません。以下、配布における原則事項を述べます。

なお本書はカウンター・インテリジェンス（防諜）が主題ではないので、インテリジェンス配布の

「保全」については割愛します。
●分析・作成したインテリジェンスは、カスタマーが使用する時機までに配布（提供）しなければならない。最も留意すべきは適時性、すなわち時間厳守である。
●カスタマーが使用するタイミングを逃したら、そのインテリジェンスは無意味である。そのため、最初に配布時機を設定し、すべてのインテリジェンス・サイクルを逆行的に進めることが重要である。
●カスターマーの好みに合った形式で配布する。カスタマーは書面配布か口頭報告のどちらを好むか、カスタマーが置かれている環境、時間制約はどうかなどを考察し、プロダクトの長さ、報告形式などを柔軟に調整・選択する。
●インテリジェンス・サイクルは絶え間なく循環するもので、その配布はサイクルの最終形ではなく、むしろ始まりである。情報分析者はカスタマーから次にどのような情報要求が来るかを洞察する必要がある。
●インテリジェンスの配布後、カスタマーから（ほとんどは間接的であるが）さらなる質問または根拠のある論法で分析の欠点が指摘されることがある。これを見越して反証を用意する。

第3章　情報分析はなぜ失敗するか？

本章は、情報分析をとりまく環境や組織上の問題を「外的要因」、情報分析そのものの問題を「内的要因」と区分して、その対策を述べます。

最後に、情報分析の失敗の原因となる各種の「バイアス」を紹介します。

1　情報分析を失敗させる外的要因

情報の氾濫

現代社会は「紙の時代」から「デジタル」へ急速に移行しています。人々は膨大な量の情報に囲まれ、知らず知らずに〝情報の氾濫〟と格闘しています。

情報は多いに越したことはありません。しかし、情報からインテリジェンスを作成できない主たる原因が〝情報の氾濫〟であることも、また事実です。これには、不要な情報が氾濫していることのほか、必要ではあるものの誤った情報が氾濫している場合があります。

周辺環境の変化が著しい現代では、カスタマーは迅速な意思決定を求められ、情報サイドはインテリジェンスを即時に提供するよう求められます。

そのため、情報分析者は効率的な情報分析に心がけなければならず、その要点は、〝情報の氾濫〟から真に必要な情報を選別することです。インテリジェンスの世界では、不要な情報と求められる情報が混在している状態を「小麦かモミ殻か」「ノイズかシグナルか」と喩え（メタファ）ています。この選別要領については第4章で詳述します。

もう一つの誤った情報の氾濫に対しては、後述する「情報の操作」における対策に含めて述べることとします。

情報の操作

社会一般では視聴率や購買意欲を意識したヤラセ報道や捏造記事がしばしば見られます。

1989年4月20日の『朝日新聞』夕刊1面に西表島（いりおもてじま）のサンゴの写真を掲載し、そこには世界最大級のアザミサンゴに「K・Y」という文字が刻まれていました。この記事は、声高に環境保護の大切さを訴えたものでした。

しかし、のちにこの文字は朝日新聞のカメラマンが刻んだもので、完全な〝ヤラセ記事〟であったことが判明しました(※)。

この事例のように、無理に読者の歓心を買おうとしたり、妙に辻褄が合って説得力のある〝出来すぎたストーリー〟には注意が必要です。

マスコミばかりでなく、政治家や国家組織も国益を守るため、思いどおりの政策を運営するために意図的に嘘をつく、あるいは断片的な情報を与えて相手を誤解させることがあります。前者を「偽情報」、後者を「情報操作(※※)」といいます。後者の方がより巧妙でやっかいです。

米国は南北戦争、第一次・第二次世界大戦、パナマ進攻、湾岸戦争、イラク戦争で、さまざまな情報操作を行なってきたといわれています。

1991年の第一次湾岸戦争では、イラクがいかに国際ルールを無視した国家であるかを喧伝(けんでん)するため、ブッシュ(父)大統領は「環境テロ」に関する情報操作を行ないました。クウェート沖から流れ出た原油による「油まみれの水鳥」の写真が世界的に注目されましたが、同大統領はこの写真を「イラクは環境破壊国家だ」という情報操作に利用しました。

2003年のイラク戦争では、複数の捏造によってイラクのフセイン政権が大量破壊兵器を保有しているとの誤判断が形成されました。この際、米政府側の提示した画像情報によって、米国世論がイラク攻撃を支持したことは否定できません(※※※)。

イミント（画像情報）は「百聞は一見に如かず」のことわざどおり、具体的で説得力がありますが、画像の作成時期に注意しないと、過去を現在のことのように誤認識するおそれがあります。

前述の誤った情報や情報操作に対する防止策の第一は、自前の情報収集を強化することです。

安全保障に関していえば、インテリジェンスは他国に依存しないことが原則です。同盟国といえどもすべての情報を提供してくれるわけではありません。インテリジェンスに同盟なしです。

同様にビジネスにおいてもリサーチ会社に丸投げせずに、自ら情報を集めることが肝心です。

第二に、複数あるいはさまざま情報源からの情報を入手して、総合的に比較・考査するということです。ネット情報や一つの新聞記事に依存しないで、ほかの情報源にあたることが必要です。

国家安全保障においては、オシント、シギント、エリント、ヒューミントを駆使して事象を分析・判断することが求められます。これをオールソース・アナリシスと呼びますが、こうした分析が、誤った情報や情報操作に踊らされないための秘訣です。

第三に、情報源の信頼性や情報の正確性の評価をしっかりと行なうということです。

なお、情報の評価の要領については第4章で述べます。（167頁参照）

（※）『朝日新聞』はのちにNHKの報道を徹底的に叩いた。1992年秋、『NHKスペシャル』で2回シリーズのドキュメント番組『奥ヒマラヤ禁断の王国・ムスタン』を放映した。これに対し、朝日新聞が翌93年2月の朝刊1面トップで、金銭を渡して住民に雨乞いをさせ、過酷な自然環境を演出するため、スタッフに高山病のふりをさせるなど数々のヤラセがあったことを暴露した。

（※※）一般に情報操作は政府、企業、マスコミ、個人などが情報の内容や流布の形態を意識的に操作することで何らかの利益を得ようとする行為といわれている。（春木良且『情報って何だろう』）

（※※※）2003年2月5日、国連安全保障理事会において、パウエル米国務長官が何枚かの衛星写真を提示した。これらは、イラクのアル・ムサイーブにある化学兵器貯蔵所から化学兵器が運び出されているところを撮影したものであった。この写真には撮影時期が記されていなかったが、実は過去の写真をあたかも現在のもののように装ったものであった。また、2003年のイラク戦争では「ハイテク戦争」「ピンポイント攻撃」などといったマスコミによるキャッチフレーズと映像報道が、米軍が民間施設や一般家屋への攻撃を回避し、〝きれいな戦争〟を展開しているように印象づけ、この戦いに「大義」があるように思わせた。つまり、環境破壊という「作られた残虐性」と、マスコミ報道による「作られた大義」を演出することで国民の戦争支援を形成したのである。

組織の縦割り「ストーブ・パイプス」

ストーブ・パイプ（煙突）とは、官僚組織が縦割りのため、収集した情報や作成したインテリジェンスが横の組織間で共有されない状況を指します。

わが国の情報体制は、情報が「回らず」「上がらず」「漏れる」と揶揄されますが、省庁間の縦割り組織が弊害となっています。

ストーブ・パイプスは政府機関のみならず、一般社会でも起こります。医療を例にすれば、技術の進歩によりガンの早期発見は可能となりましたが、その一方で兆候の見落としも少なくないといいます。

大病院でその傾向が見られ、これは肝臓、消化器、肺など専門医に細分化されていることに要因があるようです。

医療技術の進歩により何百枚というCT画像が瞬時に撮影され、いわば〝情報の渦〟が起こります。そこから重要情報を選り分けるため、専門医は担当以外の病因に関わってはいられない、それが重要な兆候を見落す原因になるというのです。

安全保障においては、秘密保全という壁はありますが、インテリジェンスの質を向上させるためには、可能な限り組織の枠を超えた情報交流および共有が望まれます。

ビジネスにおいても、見聞きした情報が所属部署で止まり、あるいは所属部署内でも共有されずに、ビジネスチャンスをみすみす逃すことがあるのではないでしょうか。

こうしたストーブ・パイプスの弊害をなくすには、専門外のことにも関心を持ち、積極的にほかの部署に行って人的交流に心がけ、縄張り意識を持たないことが肝要です。

インテリジェンスの政治化

「インテリジェンスの政治化」(Politicization of Intelligence)とは、客観的であるべきインテリジェンスがカスタマー（使用者）の望む結果に沿って修正されることです。

米国ではインテリジェンス担当者はカスタマーから適切な距離を置くべきであり、インテリジェンスと政策の間に厳格な境界線を引くという考えがあります。

ただし、インテリジェンス担当者が政策に無関心であっていいというわけではありません。影響力のあるインテリジェンスを提供することは大事ですが、特定の政策を選択するように意図的にインテリジェンスを修正（操作）することは許されない、ということです。

一方のカスタマーは提供されたインテリジェンスを拒否し、自らの分析をインテリジェンス部門に伝えることができます。ただし、その提供が強要や断定的であってはなりません。

現実の世界では、インテリジェンス担当者によるカスタマーへの迎合が起きやすいものです。企業の経営者とコンサルタントとの間でも、これに近いことがあるかもしれません。コンサルタントは経営まで踏み込んだアドバイスをするのが役目ですが、多くの経営者は批判的な助言を好みません。そのためコンサルタントは経営者の機嫌をそこねることを避けるかもしれません。

国家であれ、企業であれ、カスタマーを批判しているように思われないで、知っておくべき〝悪いニュース〟を伝えられる能力がインテリジェンス担当者には求められます。

組織の硬直化と集団浅慮

第三次中東戦争（1967年6月5日〜6月10日）は情報活動がうまくいった事例として、その後の第四次中東戦争は情報分析が失敗した事例として取り上げられることが多いようです。

第四次中東戦争（1973年10月6日〜10月24日）では、イスラエルは国家情報機関であるモサドなどから、多くの開戦兆候を収集していました。しかし、軍情報部（アマン）は、開戦近くになっても「エジプトは侵攻の意図なし」というそれまでの評価を修正しませんでした。結果的に、開戦の10時間前まで「エジプトの侵攻開始」を国防軍に報告できずに、イスラエルはあわや国家消滅の危機に瀕することになったのです。

これをインテリジェンスの視点から見た場合、次の問題点が指摘されています。

まず、第三次中東戦争の勝利により、イスラエル情報組織には「エジプトはイスラエルの能力を知ったはずだから侵攻できない」という、緊張感のない弛緩した集団的空気が蔓延していたのです。

さらに第四次中東戦争では、そのような集団主義に拍車をかける事象が重なりました。

多くのモサドのエジプト情報源とヨルダンのフセイン国王は「エジプトは5月中旬に開戦する」とイスラエルに通告しました。しかし、情報機関の管理者である軍情報部長官のエリ・ゼイラ将軍は、個人の思い込みから「安心したまえ。エジプトの侵攻はない」と周囲や部下に言っていました。

そして、ゼイラ将軍の予測どおり、エジプトは侵攻しませんでした。しかし、これはイスラエルの北側に位置するシリアの攻撃準備が整わなかったため、開戦を断念したにすぎなかったのです。偶然、情勢分析が当たったゼイラ将軍以下の権限はますます肥大化し、国防大臣も参謀総長も逆らえなくなりました。そして軍情報部の独断行動が先行し、対外情報機関のモサドのインテリジェンスをことごとく排除するようになりました。

つまり、イスラエル軍情報部にはグループシンク（集団浅慮（せんりょ））という弊害が生まれていたのです。

集団浅慮とは、グループで討議する際に、少数意見や地位の低い者の意見を排除し、不合理な意思決定を行なうことです。バイアスの一種です。

結束の強い小さな集団に属する者はグループ討議する際に疑問を挟まなくなる傾向があります。この結果、集団内で不合理あるいは危険な意思決定が容認されることになります。

第四次中東戦争の失敗で学んだイスラエルの情報組織は、トップリーダーの意見に同調しないためにはどうすればよいかを考え、今日では会議に民間人を採用する施策を導入するなどして成果を上げているといいます。

グループシンクバイアス研究の第一人者で、キューバのピッグズ湾侵攻計画(※)に至る意思決定を研究した心理学者のアービング・ジャニスは、その著書『グループシンクの犠牲者（Victims of Groupthink）』で、集団浅慮は時間的制約、専門家の存在、特定の利害関係の存在などによって引き起こされ、以下の8項目の兆候があると指摘しています。

①無敵感が生まれ、楽観的になる。
②自分たちは道徳的であるという信念が広がる。
③決定を合理的なものと思い込み、周囲からの助言を無視する。
④ライバルの弱点を過大評価し、能力を過小評価する。
⑤皆の決定に異論を唱えるメンバーに圧力がかかる。
⑥皆の意見から外れないように自分で自分を検閲する。
⑦過半数にすぎない意見であっても、全会一致であると思い込む。
⑧自分たちに都合の悪い情報を遮断してしまう。

ビッグス湾侵攻に失敗した米国は、キューバ危機(※※)への対応では、外交や軍事の専門家のみならず、ポーカーの名手や商社マンなどを招集しました。

また、形式的な儀礼や上下関係は自由な議論の妨げになるため排除されました。

そして、腹心の司法長官であるロバート・ケネディと大統領顧問に「悪魔の代弁者(※※※)」になるよう命じました。そして参加者が自由に意見を言えるように、ケネディ大統領は会議の席を外したといわれています。

集団浅慮や権威主義を排除するための要点をまとめると、次のとおりです。

●組織に第三者を招く。
●上下関係を排除する。
●リーダーの意見を伏せる。
●リーダーは会議に参加しない。
●「悪魔の代弁者」を設ける。
●作戦が失敗したと仮定し、その理由をメンバーに説明させる。

ケネディ自身は少なくともソ連のミサイル発射装置への先制攻撃は承認せざるをえないとの危機感を持っていましたが、議論に影響を与えないよう何も言わなかったのです。

その結果、10の選択肢が徹底的に議論され、大統領の意見も変わり始め、かくして核戦争が回避され、交渉による平和がもたらされたのです。


（※）1961年、米国のCIAは、（在米）亡命キューバ人部隊をキューバに侵攻させ、フィデル・カストロ革命政権の打倒を試みた。しかし、上陸部隊はピッグス湾で待ち受けていたキューバ兵によって一網打尽にされた。この作戦において、事前の航空攻撃に正規軍が関与していたことが明らかになり、米国は世界から非難を受け、ケネディ政権は出足からキューバ政策で大きくつまずいた。

（※※）1962年夏、ソ連とキューバは極秘に軍事協定を結び、ソ連はキューバに密かに核ミサイルなどを搬入した。米国は戦略航空偵察で核ミサイル基地の建設を発見し、米国がキューバを海上封鎖し、基地の撤去を迫り、危機的状況に至った。

（※※※）ディベートにおいて、同調を求める圧力などで批判・反論しにくい空気があると、議論はうまく機能しなくなる。それを防ぐために、「（議論のために）わざと本心と反対の意見を述べる人」を設定する。それがローマ・カソリック教会で聖人の聖列加入の審査において採用された「悪魔の代弁者」といわれる。

兆候と警告——オオカミ少年症候群

重大なインテリジェンスはただちに提供する——それが「兆候と警告」（Indication & Warning）です。

兆候と警告は、真珠湾奇襲を受けた経験から米国が冷戦期に発展させ、システム化したものです。これは、国家の安全、国益を守るために、それを脅かす他国の兆候をいち早く検出して警告することであり、国家情報組織にとって最も重要な任務の一つです。

たとえば、敵対国の外交官の帰国、物資の調達、予備役の動員、前線部隊の移動、通信量の増加など、一定の指標を超えたら、軍事作戦に至る兆候として警告を発します。

現在、国家戦略レベルにおける兆候と警告には、敵の意図や行動、差し迫った対立、暴動、テロ攻撃などが挙げられます。

民間企業であれば、ライバル企業間の提携、ライバル企業による新商品開発などがそれにあたるでしょう。

国家であれ、企業であり、意図を知らせる何らかの兆候があります。これらを見逃すことなく、何を意味するかを判断して警告を発します。

インテリジェンス部門が最も懸念するのは、兆候を見落とし、警告を発せられないことです。それを避けるため、分析担当者は脅威レベルを下げ、なんでもかんでも警告を発するようになるかもしれません。

そうすることで、分析担当者は批判をまぬがれますが、カスタマーからは「またか!」と思われ、その警告は無視されるようになります。これが「オオカミ少年症候群」です。

フォークランド紛争(1982年)で、アンソニー・ウィリアムズ英国大使はアルゼンチンに赴任(1980年)して以来、警告情報を本国に繰り返し送っていました。しかし、アルゼンチンによる侵攻がなかったため、同大使は「〝オオカミ少年〟のようだ」という評価が定着し、英国は警告を懐疑的に見るようになりました。これが、アルゼンチン軍の奇襲を招いた原因の一つです。(『情報戦と女性スパイ』)

逆に〝オオカミ少年〟にならないよう警告をためらうケースもあります。

2009年の中国・九州北部豪雨では、山口県防府市の防災担当者は「これまでに土砂災害警戒情報が出ても、土砂崩れは起きなかった。安易な勧告はかえって危険を招くこともあると考え、現場を見るまで出せないとの認識でいたが、甘かった」と反省の弁を述べています。(『読売新聞』7月24日付)

2012年5月、茨城・栃木両県で発生した竜巻被害でも、自治体の担当者は「認識が甘かった面

はあるが、頻繁に情報を流すと警戒感が薄れるかもしれない」と述べています。（『日本経済新聞』5月8日付）

このように「兆候と警告」は、人間心理に起因する微妙な問題です。カスタマーは警告にもとづくあらゆるシナリオを想定して常に最善の対応を考えなければなりません。警告する側は、重大な兆候であると判断する指標を明確にして、より具体的な警告を発することが重要となります。

2 情報分析を失敗させる内的要因

インテリジェンスの失敗はさまざま要因が複合して起こりますが、米国のインテリジェンス研究家であるロバート・クラークは、著書『Intelligence Analysis: A Target Centric Approach（『情報分析』未邦訳）』の中で、1941年のバルバロッサ作戦、42年のシンガポール攻略、68年のテト攻勢、73年のヨム・キプール戦争、82年のフォークランド紛争という歴史上の戦史を研究し、次のように結論づけています。

●いずれのケースも、情報を収集し損ねたのではない。情報は収集されていたが、それを的確に分析できなかった。

●バルバロッサ作戦やフォークランド紛争では、カスタマーが十分な情報分析の心得がないまま自ら分析を行なった。

- 情報分析者はバイアスや先入観といった分析上の罠に陥っていた。

このように、インテリジェンスの失敗は、情報の収集よりも分析の過程における失敗が多いとみられています。

以下、情報分析者が陥りやすい要因と防止策を述べます。

想像力の欠如

「想像力の欠如」は発達障害の一つとしてよく使われますが、一般社会でもさまざまな形で目にします。

最近、スポーツ界では暴力事件やパワハラが大きな社会問題になっています。

はじめは権力を握っている協会側は告発された事実を否定しますが、報道やSNSを介した批判が起きると、最終的には謝罪に転じるケースが多く見られます。

こうした協会側の対応は、マスコミやSNSで世論がどう動くかを予想できない、まさに「想像力の欠如」に原因があります。

ビジネス界でも、米コダック社は、デジタルカメラの普及でフィルムの販売が立ち行かなくなり倒産した事例がありました。これも経営陣の想像力の欠如が原因と思わます。

2001年の9・11テロ事件の検証報告で指摘されたのはこの問題でした。事件後「点を結ぶ」という言葉が情報分析の失敗を表すものとして広まりました。米国のインテリジェンス・コミュニティは、テロを示唆するさまざまな兆候を入手していましたが、それぞれの点が結ばれなかったことで、テロを許してしまったと結論づけられました。

想像力を発揮するためには、異なる視点を持つことが重要です。

一例を挙げます。1960年代初頭のキューバ危機では、米国の偵察機がキューバにサッカー場が建設されている様子を撮影しました。一般には見過ごされてしまう写真でしたが、ある情報分析官は異変に気づきました。「キューバ人はサッカーをしない。サッカーするのはソ連人だ。つまりキューバにミサイルが搬入されようとしている」と推理したのです。

太平洋戦争時に情報将校の堀栄三少佐は、米軍の上陸作戦を科学的に分析して攻撃前に製薬会社や食料品メーカーの株価が上がることを発見し、米軍の侵攻時期の予測に成功しました。

このように一片の兆候を、サッカー、株価などといった別の視点から見なおすことで想像力が生まれます。

第二に、表面的な事象の根底にある真因を探ることです。この手法には「なぜなぜ分析」や「氷山分析（アイスバーグ・アナリシス）」があります。「氷山分析」は、可視的な現象から直接原因、間接原因、根本原因を体系的に探る分析手法です。植物は地上に見えている部分と地下に隠れた根とは形もほぼ同形でシンメトリーをなしているといいます（外山滋比古『思考の整理学』）。花を見て枝葉を見ない、ましてや幹には目も向けないでは想像力は生まれません。

第三に、グループでの討議を活用することです。

第二次世界大戦時、解読不可能といわれたドイツ軍の暗号「エニグマ」の解読作業がロンドン近郊のブレッチリーパークで行なわれ、数学者、暗号学者だけでなく、エンジニア、言語学者、倫理学者、古典学者、古代史学者、さらにはクロスワードパズルの専門家が集められました。彼らのアイデアと知恵を結集して複数の仮説を立てることで、先入観やマインドセットを排除して、エニグマの解読に成功しました。

ジェームズ・スロウィッキーの『「みんなの意見」は案外正しい』では、WOC（Wisdom of Crowds）という概念が述べられています。これは「群衆の英知」あるいは「集合知」と呼ばれるものです。つまり、少数の権威者による意思決定や結論よりも、多数の意見の集合による結論や予測が正しいということです。

グループ討議は、個人のバイアスを回避して、プラスの効果をもたらすことが多々ありますが、先に述べたように、ともすれば集団浅慮を招くので注意が必要です。

グループ討議は「群衆の英知」にも、「集団浅慮」にも、そのどちらにもなるのです。ただし、ケネディの側近たちが示したように、討議の進め方ひとつで、個人の独立性を維持しながら活発で自由な議論は可能です。

なおグループ討議は人材育成の領域においても高い効能があることで知られています。(※)

(※) 幕末から明治にかけて日本を主導した人材を輩出したことで知られる松下村塾では、吉田松陰は徹底した小グループによる討議学習を採り入れて成果を上げた。

意図分析への傾斜

前述のように、開戦の10時間前までエジプトの侵攻に気づかず、国家消滅の危機に瀕した第四次中東戦争は、イスラエル軍情報部の情勢判断の最大の失敗とされますが、その要因となったのが、能力分析を軽視して、意図分析に傾斜してしまったことです。

イスラエルは、第三次中東戦争では、現場における敵の活動と戦闘準備などの変化に関する情報から、当該地域内で「何ができるか?」の能力分析を重視しました。一方、第四次中東戦争では「敵は攻撃する技術的能力はある。しかし、攻撃する可能性はないとする意図分析に傾斜して、失敗した」と結論づけています。(佐藤優監訳、アモス・ギルボア編著『イスラエル情報戦史』)

意図は目に見えない(不可視的な)ものです。国際情勢の急変、指導者の心情変化などによって常に変化します。

情報分析の対象は「知りえるもの」と「知りえないもの」の二種類[※]があります。人間の意図に関係する見通しなどは知りえないものです。いつ、いかなる環境で自分の意図が変化するかについては、その人自身でさえ知ることはできません。

つまり、意図分析はそもそも知りえないもの、すなわちミステリーを推量するようなもので誤判断に陥りやすいものです。

にもかかわらず、情報機関は歴史的に意図分析により失敗し、その反省が冷めないうちに、ふたたび意図分析に走るという誤りを繰り返すのです[※※]。

その理由の一つに、能力分析にもとづいて最悪のケースを想定して対応しようとすれば、膨大な国家資源（ヒト・モノ・カネ）が必要になり、現実的ではないことが挙げられます。

たとえば、中国はわが国に対してミサイル攻撃を行なうことや南西諸島に奇襲侵攻する能力を有していますが、これに対して平時から完全な防衛態勢をとろうとすれば国家財政はたちまち破綻してしまいます。

ビジネスの世界でも同様です。ライバル企業の商品開発や市場参入にすべて対応しようとしても、相手が大企業であれば資金的に行き詰まってしまうでしょう。そこで常識的に考えて、相手が選ばない（意図しない）行動方針はできるだけ排除します。そのためには意図分析が必要です。

一方の能力分析は目に見えやすいため、多くの情報が集まるため錯綜しがちです。その状況から一つひとつ積み上げて、「何ができるか?」を総合的に評価することは、とても面倒な作業です。このことも能力分析を軽視して、意図分析に走る原因となります。

しかし、自信過剰、思い込みといったバイアス、悪く言えば空想や推量で、相手の意図を分析してしまうことは危険で、しばしば重大な失敗を招きます。

そこで、次のような手順を遵守する必要があります。
①能力分析によって、相手側の可能な行動を列挙する。
②我の戦略・戦術に影響がないものは排除する。
③意図分析によって、可能性がほとんどないものは排除する。
④意図と能力の両面から相手がとりえる行動方針を高い順に並べる。
⑤順位の高いものはより詳細に分析する。その際、順位の低いものでも、我の戦略に重大な影響を及ぼすものについての分析は怠らない。

この手順は安全保障の情報分析に限ったことではありません。ライバル企業の分析にも使えます。ビジネスの世界では、ライバル企業のみならず、新規参入業者が新たな代替品やサービスをもって、市場に参入するケースが増えています。したがって、これらの動向も踏まえた分析モデルを作成することが必要でしょう。

（※）「知りえるもの」は「パズル」といい、難易の差はあっても努力次第で解明できる。一九六〇年代、米国はU2偵察機により、ソ連とのミサイルギャップが存在しないことは解明できたが、ソ連が実際にどの程度のミサイルを隠し持っているか、ミサイルの製造能力はどの程度なのかはわからなかった。それを解明したのが、米国が英国と共に使っていた二重スパイのオレグ・ペンコフスキーであった。彼はソ連GRUに所属する軍人（大佐）であり、ミサイル専門家であった。一方、「知りえないもの」は「ミステリー」と呼ばれる。これは努力しても解明できないものであり、いわば〝神のみぞ知る〟の領域である。

（※※）米国は、朝鮮戦争において「中国は国内経済優先の折だから中国軍の介入意図はない」として、中国の意図を誤判断した。さらにベトナム戦争では、北ベトナムに対する爆撃の効果を過大視して、「北ベトナムが立ち上がる気力（意図）は失せた」として、再び誤判断した。

妥当性の判断尺度を過信

妥当性は情報の正確性を評価する尺度の一つであり、「そんなことがありえるか？」という判断尺度です。

これに対比する概念が「兆候」です。兆候とは物事の前兆です。予兆ともいいます。太平洋戦争時、米軍のある情報将校は、あらゆる航路からの日本商船の引き揚げ、無線通信の著しい増加、ハワイ海域における日本潜水艦の出没が、日本による対米奇襲の兆候であると判断して成果を上げました。

ただし、さまざまな兆候から、相手側の戦略・戦術が推量されても、著しく妥当性を欠く場合があります。この場合、その兆候は偽情報、すなわち欺瞞として処理する必要が出てきます。[※]

情報分析の実務においては、妥当性の評価を誤るケースが多々あります。

第四次中東戦争において、イスラエルは多くの兆候をつかんでいたものの、エジプトの軍事侵攻の可能性を否定しました。

イスラエルにしてみれば、航空優勢を確保したのちに、軍事侵攻を行なうのが原則であり、当然「エジプトもそう考えている」と思い込みました（「ミラー・イメージング」106頁参照）。つまり「航空優勢を確保するためエジプトは、攻撃機とスカッドミサイルをソ連から輸入しようとしている。それが配備されない状況での侵攻はない」との評価を最後まで変えませんでした。

しかし、エジプトのサダト大統領は、スエズ運河沿いの防空網の外に部隊を進出させない限定的な作戦、つまりスカッドミサイルや攻撃機に頼らない作戦を決断したのです。

人は誰でも「常識」という判断尺度をもっています。専門家や知識レベルの高い人になればなるほど、「常識」を振りかざします。すなわち「妥当性」という判断尺度を過信して、重要な兆候を見逃してしまうことがあります。(※※)

兆候と妥当性の評価が異なった場合、まず兆候を優先し、次に妥当性を判断するのが原則です。つまり、「兆候上はこのような可能性がある」とはっきり述べることが重要です。その上で、それを反駁する情報がどの程度有力であるか、すなわち妥当性を検証します。

なお、妥当性を検証する分析手法としては「代替分析」（91頁参照）や「リンチピン分析」（190頁参照）などがあります。

（※）前述した大本営参謀の堀栄三少佐は、米軍によるフィリピンへの上陸地点の予測を命じられ、「リンガエン湾、ラモン湾、バンダガスの三か所への上陸する蓋然性が高い」と判断し、まず兆候から、「リンガエン湾とラモン湾の蓋然性が高い、とくにラモン湾の蓋然性が高い」と判断した。しかし、堀少佐はマッカーサー司令官になったつもりで再検討した。つまり、①米軍がフィリピン島で何をいちばんに求めているか（絶対条件）、②それを有利に遂行するにはどんな方法があるか（有利条件）、③それを妨害しているものは何であるか（妨害条件）、④従来の自分の戦法と現在の能力で可能なものは何か（可能条件）の四つの条件に当てはめて再考した。その結果、堀少佐は当初の見積りを修正して、「リンガエン湾の蓋然性大」との最終判断を下し、見事に米軍の行動を予測した。

（※※）１９８０年８月、イラクのサダム・フセイン大統領がクウェートを侵攻した。その際、侵攻準備を示す有力な兆候が複数存在したが、わが国の中東専門家の大半は、中東の事情や過去の歴史的経緯などから「金銭目的の威嚇であり、本格的な侵攻はありえない」と断言した。

さまざまなバイアスの存在

人は誰でもバイアスに陥る傾向があります。バイアスとは、先入観、偏見、思い込みや思想などから考え方が偏っていることをいいます。なかでも、心理的要因による「認知バイアス」はやっかいです。これは、ある対象を評価する際に、自分の利害や希望に沿った方向に考えがゆがめられ、対象の目立ちやすい特徴に引きずられて、ほかの特徴についての評価を誤ることです。

バイアスはしばしば分析失敗の原因となります。バイアスを排除することは容易ではありませんが、防止策はあります。

第一は、「人はバイアスに弱い存在である」と自覚し、自分の仮説や結論に認知バイアスが影響していないかどうかを検証します。「自分はなぜそれを信じるのか?」「ほかに考えられないか?」など自問自答します。さらに第三者に自分の仮説や結論を批判してもらうとよいでしょう。

第二は、複眼的な視点を持つことです。いわゆる〝トンボの目〟で物事を見るのです。国際情勢の分析に際して、陥りやすいバイアスが自己の尺度で相手側の意図を推量してしまう「ミラー・イメージング」です。(106頁参照)

前述した第四次中東戦争とインドの核実験の事例は、いずれもミラー・イメージングによる評価ミスです。ミラー・イメージングを排除するには、対象国の立場になって情報を分析し、情勢を判断することが重要です。

自国にとっての合理性や自分の常識を取り払って、対象国の歴史や文化を研究し、指導者の性格も考慮して、それぞれの行動の妥当性を検証します。

第三は、仮説を否定する情報を積極的に集めることです。一般的に評論家は、世間の関心を引く仮説を立て、それに合った情報ばかりを集めます。これでは客観的な分析はできません。

これを防止するには、前提や仮説を一度否定すること、質問を転換してみることが大切です。

2003年のイラク戦争を例に挙げれば、「サダム・フセインは化学兵器を保有しているか?」という質問を「フセインは、なぜ化学兵器を保有していないと言えるのか？」という質問に転換して検証すべきでした。

第四は、情報分析手法の活用です。２００３年のイラクの大量破壊兵器保有に関してインテリジェンスの失敗を招いたことから、米国では「代替分析」という手法が注目されました。これは、事実に反する質問を立てて議論する、当然と思われている前提を疑問視して分析するという手法です。

たとえば前述の例では、「イラクは大量破壊兵器を保有していない。フセインは事実を話している」という前提で分析を行なうことです。

さらに米国では、異なる経験と見方を持つ複数の情報分析官を複数の機関に配置して、同一の事象を競争的に分析させる「競争的分析」を重視しています。

米国にはＣＩＡ（中央情報局）、ＤＩＡ（国防情報局）、国務省情報局などの情報機関があり、彼らに競争的に情報分析を行なわせるのです。

ほかにも異なる見方をするチームを編成して、分析を競わせる「レッドチーム分析」「チームＡ／チームＢ分析」などもあります。（１４１頁参照）

これらの手法は、組織の集団浅慮や同調主義を排除して分析の正確性を高めることを目的としています。

しかしながら、複数の分析官を複数の機関に配置することは非常にコストがかかります。米国でも、冷戦後の1990年代には予算の関係から競争的分析の能力が大幅に低下したといわれます。

わが国の国家機関、ましてや一般企業では、競争的分析は現実的ではありません。ただし、異なる経験や見方を有する者を議論から排除しないという考え方は大いに学ぶ必要があり、そうした気風を企業内で確立することは重要です。

〝結果オーライ〟こそ失敗の本質

人は失敗すると反省しますが、成功すると反省しません。

第三次中東戦争は能力分析が適切であったことから、エジプトによる奇襲に対処できましたが、実は最終局面までエジプトのナセル大統領の侵攻意図を明らかにすることはできなかったのです(※)。

しかし、結果的にイスラエルの軍事的大勝利によって、この情報分析の失敗が顧みられることはありませんでした。つまり〝結果オーライ〟だったのです。

同様に、日露戦争においても情報活動や情報分析の失敗がありました。しかし、大勝利により、これらが検証されることはなかったとされています。

〝結果オーライ〟はすべての組織における失敗の本質です。

野球の野村克也監督が広めた言葉に「勝ちに不思議の勝ちあり、負けに不思議の負けなし」(松浦静山)があります。

個人の情報分析においてもしばしば〝偶然の的中〟があります。しかし、これに安閑としてはいけません。情報分析が的中したときこそ、それは偶然の所産ではなかったか、本当に分析に誤りはなかったかを慎重に検証することが重要です。

（※）1967年4月7日（開戦約2か月前）、イスラエルがシリア空軍のミグ21戦闘機を撃破した段階で、ナセルはイスラエルに対する侵攻を決意した。なぜならアラブの盟主であるエジプトにとって、イスラエルによる対シリア攻撃は自国に対する攻撃と同じことだったからである。しかしエジプト軍の三分の一をイエメン内戦に投入している状況から、「エジプトは二正面作戦を回避する」と、イスラエルは誤判断した。

3 さまざまなバイアス

これまで言及したことも含めてバイアスについて再整理します。数多くあるバイアスを回避することは容易ではありませんが、その存在を知っているだけでも情報分析の誤りは低減されるはずです。

（1）一つの仮説にとらわれるバイアス

サンプリングバイアス

サンプリングとは統計学の用語で、標本抽出という意味です。統計の対象が大きい場合、サンプリングします。たとえばテレビの視聴率は全国民を対象に調査しているわけではありません。ある資料によれば、関東・関西・名古屋地区は各600台、そのほかの24地区は各200台のテレビに計測器をつけて調べているそうです。

ここで重要なのは、計測器を設置するモニターに偏りがないよう、ランダム（無作為）に抽出することです。

サンプリングに偏りがあったり、標本サイズが小さすぎたりすると分析結果に誤差が生まれます。偏りのあるサンプリングから仮説や結論を導き出すことを「サンプリングバイアス」といいます。

安倍政権の支持率に関するアンケート調査がよく行なわれますが、米軍基地に強く反対する沖縄県と、東京都での調査ではその支持率は大きく異なると推量されます。仮に、両方の自治体から同数の人を抽出して統計化しても、平均的な国民の声とはいえません。

最近の「地球温暖化」に関する報道から、空気中の0・04パーセントにすぎない二酸化炭素の制限を声高に叫ぶ傾向があります。これに対して興味深いブログがありました。「昔の夏はもっと涼しかった」と思って50年前の日本の気温を調べてみたが、50年前から気温はほぼ横ばい、湿度は昔よりも下がっているというのです。

気象庁の公開データでは東京は130年あまりで2度上昇しているとされます。確かに都市部では上昇しているようですが、そのほかの地域はほぼ横ばいだそうです。

またエジプトなど赤道付近や熱帯地域の平均気温は下がっている、南極の氷も厚くなっているというデータもあります。さらに「地球は氷河期に向かって、気温は徐々に下がっていく」という学説もあります。つまり「サンプリングバイアス」を排して、日本全体、さらには地球規模で論ずると、「地球温暖化」とは一概に言えないようです。

話題はそれますが、気象と国際情勢の関係は密接です。現在、北極の氷は急速に氷解し、ソ連と中国などが北極海航路の利権をめぐって争っています。この北極の氷が解けると海面が上昇し、極論では日本が沈没するというデマも飛び交っています。北極の氷は海面に浮かんでおり、これが解けても海面が上昇しないことは科学的に証明されています。

要するに、都合のよい情報だけをつなぎ合わせて誤ったインテリジェンスを作らないことが肝要です。

生存バイアス

サンプリングバイアスとよく似たバイアスに「生存バイアス」があります。

生存とは生き残っているという意味で、表面化（生存）している情報（サンプル）のみを利用して仮説や結論を出してしまうバイアスです。

たとえば、「祖父は二人ともヘビースモーカーだが、どちらも90歳まで生きた」という情報から、

「タバコが寿命を縮めるというのはウソだ」という結論を導き出すようなものです。

逆にヘビースモーカーが肺ガンになって早死にした事例を探せば、たくさんあるはずです。そうなると「タバコが肺ガンの原因だ」だと判断しますが、どちらも生存バイアスに陥っている可能性があります。

ほかにも金融商品で儲けた人の話ばかりを聞いて投資して失敗した事例があります。ネット上の儲け話は、一部の「勝利者」の話を誇大に報じ、失敗した事例を軽視しているケースがほとんどです。

国際情勢分析の事例では、１９６０年代前後の北朝鮮への「帰国事業」があります。左翼思想にかぶれたマスコミと朝鮮総連が、「社会主義体制のもとで千里馬運動により急速な復興を遂げた『地上の楽園』」である北朝鮮への帰国を盛んに喧伝し、多くの在日朝鮮人とその日本人妻が北朝鮮に渡りました。

彼ら彼女らは「地上の楽園」という宣伝にだまされた犠牲者ですが、最大の責任はマスコミが生存バイアスに陥ってしまったことです。朝鮮総連などによる宣伝文句である「地上の楽園」「衣食住の心配がない」という情報を過信し、一部の左翼系の北朝鮮訪問者の礼賛記事を鵜呑みにして煽動したマスコミの罪は大きいと思います。

利用可能バイアス

このバイアスは、最近の事例や入手しやすい情報ばかりを利用して仮説を立て、代替仮説の立案を怠る（おこたる）というものです。

人は複雑な問題に直面すると、無意識に思い出しやすいもの、利用しやすいもので仮説を立てる傾向にあります。

２０１１年7月22日、ノルウェーの首都オスロで発生した連続テロ事件は、当初、イスラム過激派の仕業だと推量されました。その理由として、「ノルウェーはアフガニスタンにおける北大西洋条約機構の軍事活動に参加し、アルカイダから攻撃対象とされていた」「リビア内戦への軍事介入により、報復攻撃の可能性が予見された」「事件3日前、ノルウェー検察当局は、閣僚経験者暗殺の計画を立てたとしてクルド系イスラム組織創始者を在宅起訴した」「事件直後にイスラム過激派のウェブサイトに事件への関与をほのめかすメッセージが公開された」などの情報があったからです。

しかし実際は、極右思想を持つキリスト教原理主義者による単独犯行でした。当時、世界的にイスラム過激派によるテロ事件が頻発し、ノルウェーで起きても不思議でなかったため、利用可能バイアスにより、当該テロ事件とイスラム過激派を短絡的に結びつけ、さらに確証バイアス（99頁参照）により、それ以外の情報を軽視してしまったのです。

実は犯人は犯行前の7月17日にツイッターに犯行決意を書き込み、直前には１５１４頁の文書をウェブサイト上に公開し、自らテンプル騎士団を名乗り殉死作戦を公表していました。
もし最初の政府庁舎付近での爆破事件後、犯人をイスラム過激派と特定せずに、こうした情報にたどり着けば、連続爆破事件の1時間半後に発生した銃乱射事件を阻止できたかもしれません。

2016年12月24日から中国初の空母「遼寧（りょうねい）」の艦隊が西太平洋で遠洋訓練を実施しました。これに対し、日本のマスコミは「中国空母、西太平洋で初の遠洋訓練へ、米次期政権牽制か」といった大きな見出しで、トランプ政権に対する牽制が主たる狙いであるかのように報じました。

その背景には、「トランプ次期米大統領が12月2日、台湾の蔡英文総統と電話で会談した」「トランプ次期米大統領は12月12日、米国政府がこれまで維持してきた『一つの中国』政策について、必ずしも堅持する必要はないとの見解を示した」（FOXニュース）という報道がありました。

つまり、日本のメディアはこうした事前の情報により「中国空母の西太平洋への進出は『次期トランプ政権に対する牽制』である」という仮説に絞って報道したようです。

確かにトランプ政権に対する牽制説は有力な仮説でしたが、「中国空母のそれまでの運用試験の状況」「ほかの艦船や航空機の西太平洋における訓練実績」「3月の全人代（国会）に向けて各軍種が前年末頃から目立った訓練を実施する傾向にある」ことなどから、西太平洋に空母が進出するのは時間の問題でもあったのです。

人はある事柄を事前に見聞きしていると、関連する事柄が覚えやすくなる、または思い出しやすくなる性質があります。これを脳科学で「プライミング効果」といいます。利用可能バイアスはプライミング効果と密接な関係にあります。

確証バイアス

このバイアスは、仮説や結論を検証する際にそれを支持する情報ばかりを集め、反証する情報を集めようとしないことです。仮説を立てると、それを修正できない「アンカーリング・バイアス」、自分の仮説が他人の仮説より優れているという「優位性バイアス」とも類似しています。

確証バイアスを説明する際に、「ステレオタイプ」という言葉が出てきます。これは先入観・偏見をもって対象をあるカテゴリーの枠に当てはめることをいいます。たとえば「血液型のA型は几帳面だ」「女性は情報活動に向かない」というものです。

こうした見方により意思決定は早くなりますが、ステレオタイプを強化する情報ばかりに目がいき、反対の情報を軽視しがちです。「〇〇人は信用できない」というレッテル貼りは、ビジネスチャンスを逃すことになりかねません。

2003年のイラク戦争で、米国は「フセイン大統領が大量破壊兵器を保有している」との先入観により誤った仮説を立てました。その後それを支持する情報ばかりを集め、反証する情報をシャットアウトしました。これが「確証バイバス」の恐ろしいところです。

(2) 誤った仮説を立てるバイアス

希望的観測

人はしばしば「こうなってほしい」「こうなれば面白い」という希望的観測によって仮説を立てます。

1941年6月のドイツ軍の対ソ侵攻作戦(バルバロッサ作戦)で、スターリンは自らの戦争準備が不十分だったため、ドイツとの戦争を回避したいと考えていました。そこで「ドイツが二正面作戦をするはずがない。ヒトラーはまず英国に向かうだろう」と思い込みました。スターリンは自分に都合の悪いことには思考停止し、自分に都合のよい方を選んだのです。

日本陸軍が無邪気なまでにナチスドイツを過信して三国同盟に走ったのも希望的観測が原因です。つまりソ連との衝突を避け、日中戦争に兵力を集中したいがために、ヨーロッパ正面でドイツが勝利すると思い込んだのです。

国際情勢の分析でも、心情的に支持している方に勝ってほしいと思うあまり客観性を欠くことがあります。2016年の米大統領選挙で、クリントン支持派は、クリントン優勢を裏付ける情報ばかりに目がいき、選挙趨勢を見誤った可能性があります。

1960年代のベトナム戦争でも、米国支持派はその勝利を願って米国が勝っているという情報に目が奪われ、負けていても何かの間違いだと過小評価する傾向がありました。その結果、ベトナム戦争の趨勢を正しく判断できませんでした。

太平洋戦争でも、情報統制という側面はありましたが、日本に勝ってほしい、負けたくないという願望が強すぎた結果、自分に不都合な情報は看過してしまった可能性が考えられます。

希望的観測に陥らないためには、自分がいかなる立場にあるか、自分がどちらを擁護しているかを常に精査する必要があります。

猜疑心バイアスと敵意帰属バイアス

確かな根拠がないにもかかわらず、「他人が自分を利用しようとしている」「危害を加えようとしている」「配偶者や恋人が不倫や浮気をしている」など、主観的な妄想により、物事を疑って見ることを「猜疑心バイアス」あるいは「敵意帰属バイアス」といいます。

生まれつき攻撃的な性格の人は、他人からの敵意を過度に感じやすい傾向にあるといいます。スターリンは前述のバルバロッサ作戦でこのバイアスにはまっていた可能性があります。

チャーチル英国首相からスターリンに「ドイツがソ連を攻めようとしている」との情報が伝えられ

ました。しかしスターリンは、これをソ連とドイツを戦わせるために仕組んだ英国の欺瞞と決めつけました。そして、ドイツ軍の対ソ侵攻準備のさまざまな兆候を、英国本土を攻撃するための陽動作戦だと誤判断しました。

このように、猜疑心を持って対象を見ると大局的な情勢判断ができなくなります。

因果関係バイアス

このバイアスは、物事には必ず原因と結果があり、目的と手段が合目的に連接されていると考えることです。

未来予測は、事象の因果関係に着目し、事象から発生する未来動向を予想する側面があります。しかし実際は、ある事象が偶然に生起したり、改善したりすることがよくあります。

たとえば、深酒して胃が痛く、吐き気がするので胃腸薬を飲んだとします。それで気分がよくなったので、胃腸薬が二日酔いに効いたと考えます。しかし、必ずしもそうではないのかもしれません。時間がたったので二日酔いから覚めたのかもしれません。

誰でも原因と結果という単純な因果関係を求めたくなりますが、ほかの要因がないか検証する必要があります。

2012年、日本が尖閣諸島を国有化すると、中国国内で反日デモが発生しましたが、尖閣諸島の国有化→反日デモという因果関係で解釈できるほど単純な問題ではありませんでした。

確かに中国政府による日本に対する牽制や民衆の不満のガス抜きを目的とした官製デモもありました。しかし、それぞれのデモには違いが見られ、中国の権力闘争が発生して反日デモという形で露出した、国民がSNSを使って中国政府に不満や民衆化を訴えた、さらには偶然の要素が重なり、民衆が付和雷同的にデモに参集した、などの様相もうかがえました。

米国政治学者のグレアム・アリソンは、1962年のキューバ危機を題材に米国の外交政策決定過程を分析しました。その結果、政府は常に国益に照らして最も合目的な選択をするとは限らない。キューバ危機においては、政府の中の個人の対立や取引で外交政策が決定されたと判断しました。（『決定の本質―キューバ・ミサイル危機の分析』）

物事には必ず因果関係があると思い込んだり、表面的なつながりだけで因果関係があると断定したりすることは避けなければなりません。

ハロー（後光）効果

「ハロー」とは絵画で聖人やキリストの頭上に描かれる後輪のことで、ハロー効果とは、ある対象者を評価する際にその特徴的な部分に目が行ってしまい、それ以外の評価にバイアスがかかることです。認知バイアスの一つに該当します。

ハロー効果には、ネガティブ効果とポジティブ効果があります。高学歴、高身長、ハンサムなどをポジティブに評価し、「彼は仕事ができる、パートナーとしてやっていける」などと判断しがちです。逆に服装や態度がよくないと「彼は仕事ができそうにない」と判断します。

「人は第一印象で決まる」とよく言われますが、それは単なる思い込みであって、失敗したというケースもあるでしょう。「人は見かけによらない」ものです。

国際情勢の分析でも、ハロー効果による誤判断がしばしば見られます。

たとえば、金正恩が叔父を粛清した、実兄を殺害したという報道が流れると、「金正恩は何をするかわからない。核実験を強行し、弾道ミサイルを配備することは諦めないだろう。彼との外交交渉はあり得ない」と判断することになります。

逆に、金正恩が李雪主(リソルジュ)夫人同伴で腕を組みながら、国際社会の場に登場すると、たちまち「金正恩は賢明で普通の常識を持った指導者だ。外交交渉による非核化の実現の可能性はある」と評価は一変します。

このように外見でまどわされるのではなく、しっかりとした人物研究や過去の行動研究が重要です。

フレーミング効果

フレーミング効果とは、情報の意味する内容が同じでも、表現の仕方によって印象が変わり、情勢判断や意思決定を誤ってしまうことです。

この説明によく用いられるのが、A「まだ半分もある」、B「もう半分しかない」という言い方です。実際には同じ容量でも、Aの方はあまり減っていない気分にさせられます。

このような思考心理を利用して利益を上げるなど、行動経済学の分野においてこの効果はよく説明されています。

フレーミング効果の題材として、「アジア病問題」が取り上げられます。これは、600人が死ぬと予想されるアジアの病気を撲滅するため、二つの対策が考案され、どちらを選択するかというものです。

まず学生にAとBの対策を提示し、どちらを選ぶか答えさせました。その結果は（　）内のパーセンテージです。

対策A：200人が助かる。（72パーセント）
対策B：三分の一の確率で600人が助かる。三分の二の確率で誰も助からない。（28パーセント）

別の学生に表現を変えてCとDの対策を選ばせました。

対策C：400人が死ぬ。（22パーセント）
対策D：三分の一の確率で誰も死なず、三分の二の確率で600人が死ぬ。（78パーセント）

それぞれ対策の内容は同じですが、表現方法が違います。結果は200人が助かるが72パーセント、400人が死ぬが22パーセントと大きな違いが生じました。

つまり、表現が変わることで、人間にはある思考の枠（フレーム）が設定され、これにより判断が変わってしまうのです。

この実験では、ポジティブなこと（200人が助かる）が強調されると、リスク（三分の一の確率で600人が助かる）を避け、ネガティブなこと（400人が死ぬ）が強調されると、それを回避するために、あえてリスク（三分の一の確率で誰も死なない）を選ぶ傾向があることがわかります。

中国は自らの経済力を強く主張する時は、GDPが世界第2位であることを強調します。ところが国連の場では国民一人あたりのGDPを主張して発展途上国の代表として利益を得ようとします。つまり、フレーミング効果を利用した数字のマジックを使っているのです。

ミラー・イメージング

情報分析者が、国際情勢の分析において仮説を立てる場合、最も起きやすいバイアスが「ミラー・イメージング」です。これは「他国や他人も、自国や自分と同じように行動する」と思い込むことです。

米国の情報機関は「1941年の日本による真珠湾攻撃を契機とする日米決戦は双方がミラー・イ

メージングによって見誤った」として次のように分析しました。

米国：自国の優れた軍事、経済、工業力が日本による攻撃を抑止するだろう。日本は米国との戦いに勝利することはできないから攻撃はない。

日本：真珠湾での激烈な一撃により、米国は帝政ロシアと同じように話し合いの解決を求めてくるだろう。

冷戦期において、米国のソ連研究者は、ソ連の指導者がタカ派とハト派のいずれに属しているかを評価しようとしましたが、タカ派とハト派は米国政治にあったものの、当時のソ連には存在しなかったそうです。（『インテリジェンス―機密から政策へ』）

1991年の湾岸戦争におけるイラクのクウェート侵攻や、2006年に北朝鮮の金正日が行なった長距離弾道ミサイルの発射に対しても、当時の西側諸国は「まさかないだろう」と見積っていました。これもサダム・フセインや金正日の意図を、「われわれだったら、そんな利益のない選択肢はあり得ない」と勝手に解釈したからでした。

1998年のインドの核実験は、米国がミラー・イメージングに陥った事例としてよく取り上げられます。

当時のインド与党国民会議は核実験することを公約に掲げて政権の獲得に成功しました。しかしC

ＩＡの分析官は自国の政治家を念頭に置いて、選挙に当選すれば公約など忘れてしまうものだと考えました。そのため、選挙に当選して与党になったのだから、国際世論の反発を考慮して公約は撤回して実験は行なわないだろうと考えました。

ミラー・イメージングは、国際情勢の判断を誤らせる最大のバイアスです。ビジネスでも、自社の立場で判断したばかりに、ライバル会社の新規事業の開始を見誤ったケースは多いと思います。

クライアンティズム（顧客迎合主義）

ミラー・イメージングは逆に、対象国や顧客の流儀・心情で物事や事象を判断するのがクライアンティズム（顧客迎合主義）です。分析担当者がある特定の事項の分析に長期間にわたって従事していると愛着が生まれ、対象国の行動を中立的に見られなくなる可能性があります。

「あの国に限って……」という表現で、当該国の行動を擁護するのはクライアンティズムに陥っていると思われます。

たとえば、中国語を研修語とした外交官が「チャイナスクール」と揶揄されたり、中国専門家が「親中派」のレッテルを貼られ、日本よりも中国の国益を重視しているのではないか、など批判されることがあります。

これは彼らが中国と仲良くやって成果を上げたいという利益主義のほかに、中国に長く関わることで、クライアンティズムが醸成されている可能性があるのです。

わが国の中国情勢専門家が、中国共産党の政策や近代化を称賛し、かつての文化大革命（一九六〇年代後半）に対しても、好意的な見方をしたことはよく知られています。

専門性は、しばしば客観性や中立性を欠くことが指摘されています。この点を認識した上で専門家の意見を活用する必要があります。

過大評価・過小評価

相手をその実力よりも過大あるいは過小に評価するバイアスです。過小評価や過大評価はハロー（後光）効果などによって引き起こされます。

相手に対する過大評価は、自分の自信のなさや知識不足から起こります。技術的知見のない者は、ＩＴ化が社会にもたらす影響を過大に評価しがちです。また能力のない者ほど自己を過大評価する傾向があることも実験で明らかになっています。

過大評価の事例としては、１９５０年代中期の米ソの「爆撃機ギャップ」と同年代後期の「ミサイルギャップ」が挙げられます。米国は当初、ソ連が戦略爆撃機もミサイルも優位に立っているという誤った査定をしました。

過小評価の事例としては、第三次中東戦争で大勝利を収めたイスラエルが自己の驕（おご）りから、第四次中東戦争ではエジプトの軍事能力や侵攻意図を過小評価したことが挙げられます。

１９４２年、日本は英国軍を攻略してシンガポールを占領しました。この際、装備十分な13万人の英国、オーストラリアおよびインド軍が、長引く中国大陸の戦線で疲れて装備も不十分な３万５００0人の日本軍に降伏しました。

この際、英国情報部は日本の零式艦上戦闘機（ゼロ戦）の能力を過小評価し、日本軍は密林では戦車を使用しないなど、誤った査定をしました。

当時、米国は白人至上主義から、日本人を劣等な人種と見なしていました。身体的に小柄で、出歯で目も悪い、そのため暗闇で戦ったり、精密な機械をいじったりできないと考えていました。

このほか、上内耳の三半規管に遺伝的な欠点を抱えているからバランス感覚に欠ける、片目をつぶることができないので小銃が撃てない、日本兵ほど愚かな兵はいない、二人そろってようやく一人前だなどの極端な過小評価が横行したといいます。

その結果、欧米軍は日本軍による予想外の攻勢を受けて苦境に立たされたのです。

過小評価や過大評価は心理的バイアスでよく起こりますが、特定の軍事や外交政策と結びついて、意図的に行なわれることもあります。これを前出の「インテリジェンスの政治化」（72頁参照）といいます。

たとえば、戦時の日本は米国を過小評価しましたが、これは国民の戦争意志を鼓舞するという政治的目的が作用したと考えられます。

また、米国は近年、中国の軍事力を過大に評価する傾向があるとされます。その背景には米国政権が日本などに兵器を購入させたいからである、との見方もあります。

平均回帰バイアス

平均回帰バイアスは「回帰の誤謬（ごびゅう）」ともいわれ、自然の変動を考慮せずに、物事の変化を存在しない原因に帰してしまうことです。

これは統計学におけるバイアスとしてよく知られます。

テレビ番組などで、コメンテーターが株価の動きについて、その前後の政治情勢や経済情勢などから解説します。これが的を射ている場合もありますが、そうではない場合も少なくありません。

株価は大きく見れば、高くなったり低くなったりして、平均に帰ろうとしています。つまり、単に平均に帰ろうとしている自然の摂理が株価の押し下げの原因であって、政治情勢や経済情勢は無関係な場合もあるということです。

野球シーズンはじめの1か月間に、5割近い打率の打者が何人か出てきます。これは例外的な数値（異常値）であって、シーズン終了時には4割を超える打者はまず存在しません。

にもかかわらず最初の1か月の異常値が平均値であるかのような論理的な誤謬を引き起こし、打率が5割から4割に、4割から3割に下がれば、その打者を〝不調〟と判断し、「打撃フォームが変わった」などの原因づけをしようとします。

しかし実際には不調になったわけでも、打撃フォームが変わったことが打率を下げた原因でもなく、単に平均値に回帰しているだけかもしれません。

近年、中国のGDPの伸び率は7パーセント以上を続けていましたが、長期的には成長率が下がって平均に回帰します。にもかかわらず、7パーセントを切ったという事実をもって、中国の経済成長が減速した、中国経済は崩壊に向かっているなどの過早な判断を下すことは禁物です。

多数派（集団）同調バイアス

多数派（集団）同調バイアスは、人間は判断が難しくなると、周囲の者に同調するというものです。とくに声の大きい者に従ったり、「赤信号みんなで渡れば恐くない」的な心理が働いたりします。

このバイアスは正常性バイアスと同様に、防災対策でよく取り上げられます。

多数派同調バイアスがプラスに働く場合があります。2011年3月11日の東日本大震災では、岩手県釜石市の小中学生は「津波が来たら、高台に避難する」と教えられており、これに素直に従ってほぼ全員が生存できました。一斉に逃げ出す生徒の姿を見た住民にも集団同調バイアスが働き、無事に避難しました。

しかし、逆のケースもあります。2003年2月、韓国の大邱（テグ）で発生した地下鉄列車の放火事件では、車内に煙が充満しているにもかかわらず、ほとんどの乗客は逃げ出そうとせず、結果として197人が死亡するという大惨事になりました。これは、多数派同調バイアスがマイナスに働いた事例です。

人は集団でいると安心します。ましてやその集団が多ければ多いほど安心感は高まり、心理的に自分一人だけ集団と違う行動がとれなくなります。

国際情勢の情報分析で、自分だけが他者と異なる仮説を立ててしまった場合、不安になり、仮説を修正する場合がよくあります。

第四次中東戦争で、圧倒的な権威であったイスラエル軍情報部長のエリ・ザイラ少将の「安心したまえ。エジプトの侵攻はない」という意見に多くの情報分析官や政策決定者が同調して情勢判断を誤りました。

株の世界でも大勢がある銘柄の購入に走った時、自分も利益に乗り遅れてはならない、あるいは勝ち馬に乗ろうとして、手痛い失敗をすることがあります。これも多数派同調バイアスのなせる業です。

（3）一度立てた仮説や結論を修正できないバイアス

アンカーリング・バイアス

アンカーリング・バイアスは、とりあえずの仮説や結論がアンカー（錨）のようになって、新たな情報が提供されても修正できないことです。

人は一度仮説を立てたり、結論を出したりしてしまうと、それに固執してしまい修正するのは容易ではありません。

アンカーリング・バイアスはちょっとした数値に関する認識で引き起こされることが知られています。われわれは予想を立てる時、何らかの数値を意識し、そこから無意識の仮説や結論を導き出し、それを調整します。この元になる数値をアンカーといいます。

そして一度仮説を立てると調整は控えめになります。逆に言えば、アンカーの設定がいいかげんだと予測も不正確になるのです。

たとえば何かを購入する時に当初の価格がアンカーとなって、それを超えると高いと判断して購入をためらう、逆に下回ると得をした気分なって購入する、ということがあります。

この心理を利用して、商品を売ろうとする者は適正価格よりも高値に設定し、交渉によって値下げに応じる戦術に出ます。これは、購買者のアンカーリング・バイアスを利用したものです。

国際情勢の分析でも、最初に得た情報や自ら案出した仮説を重視する傾向があるため、あとから仮説を覆すような情報が出てきても、最初に固定化した基準でしか考えられなくなる場合があります。

1994年6月に長野県松本市で発生した松本サリン事件（132頁参照）や、2011年7月のノルウェー連続テロ事件（97頁参照）では、最初の情報や思い込みにもとづく仮説がアンカーとなり、初動捜査に遅れが生じた可能性があります。

レイヤーイング（多層化バイアス）

レイヤーイングとは、前任者が利用した前提や判断を、後任者が疑うことなく鵜呑みにして分析を行なうバイアスです。

分析の前提に間違いがあっても最初に戻って修正することは、その後の分析をすべて否定することになるため、なかなか修正されません。つまり、誤った分析の多層化（レイヤーイング）現象が起こるのです。

1928年の張作霖爆殺事件において、政府を無視した関東軍の計画的な謀略が失敗し、その反省から満洲事変を起こし、それが日中戦争、そして無謀な太平洋戦争に向かわせた。陸軍の無法な謀略が目的・目標のない戦争に、日本を駆り立てた。このように戦前史は語られ、こうした歴史認識から戦後の教訓は述べられていきました。

ところが、最近、張作霖事件はソ連ＧＲＵ（軍参謀本部情報総局）の謀略であったの新説も出ています。しかし、レイヤーイング現象によって、こうした新説が評価されるには相当な時間を有すると見られます。

米国の上級情報委員会と大量破壊兵器委員会は、イラクの大量破壊兵器保有に関する情報分析で、この多層化バイアスがあったと結論づけました。（『インテリジェンス―機密から政策へ』）

正常性バイアス

人は異常事態に遭遇すると「正常である」と思い込む傾向があります。異常があればただちに対処しなければなりませんが、なかなか行動に移せません。そのため、今も「正常である」という心理が働きます。非常ベルが鳴っても「誤作動だろう」と判断して対応しないのは、正常性バイアスが働いているからです。

このバイアスは防災面で重大事故を招くことで知られています。２０１１年の東日本大震災で逃げずに亡くなった人の中には、１９６０年のチリ地震を体験し、その時はたいしたことがなかったので、今回もたいしたことはないだろうと判断した人がいたようです。

警告を出しても、毎回なにも起きなければ、誰もその警告を「またか」といって信じなくなります。すなわち、正常性バイアスが発生し、警告の効果がなくなるという問題です。これは「オオカミ少年症候群」(78頁参照)ともいわれます。

現状維持バイアス

人は変化を起こして利益を得るより、現状を維持してリスクを回避する傾向があります。よほど強い動機がなければ現状維持を選択します。

さらに誰でも自分の選択や判断が正しいと思いたがるので、容易に現状を変えることができません。

このバイアスを説明するのに「ゆでガエル現象」があります。カエルを水槽に入れて、いきなり熱い湯をかけるとびっくりして飛び出すが、徐々に水温を上げていくと温度の変化に気づかず、そのままゆで上がるという逸話です(実際にはこのようなことはありませんが)。つまり、少しずつ環境が変化していくと、その変化に気づかず、気づいた時にはすでに手遅れになっているということです。

このバイアスは前述の正常性バイアスと同様、国際情勢のわずかな変化を見逃すことで現実となります。1989年の冷戦終結や、2010年から12年のアラブ世界で発生した大規模な反政府デモは、それまでの旧体制が長期間続いたために「ゆでガエル現象」が起こり、重大な情勢変化を予測できなかったのです。

情報分析は、川の流れのように留まることがありません。その時々に、インテリジェンスというプロダクトをすくい上げてカスタマー（使用者）に提供しますが、それで分析作業は終わりません。仮説や予測を立てても、環境は変化し新しい情報が出てきます。予測はどんどん修正すべきです。「この前言っていたことと違うじゃないか？」と言われても、「状況が変わりました」と答えればいいのです。

英国の伝説的経済学者ジョン・M・ケインズは「一貫して一貫性に欠ける」ことを誇りにし、「事実が変化したら私は意見を変える」と言ってはばかりませんでした。

情報分析者は予測を変える勇気を持つことが大切です。誰しも、苦労して導き出した結論には執着したくなります。これを「アンカーリング・バイアス」（114頁参照）といい、これを打破するには前述の「代替分析」（91頁参照）を用います。

後知恵バイアス

人は過去の出来事を振り返る時、あれは自分が正しく予測していたと無意識に思い込みたがる傾向があります。これは「はじめからすべてお見通しだった効果」ともいいます。

心理学者のフィリップ・E・テトロックは、1988年に「5年以内にソ連共産党の独裁政権が崩壊する可能性はどの程度か？」という質問を有識者や外交の専門家にしました。そしてソ連崩壊後の1992年から93年にかけて、1988年の自らの答えを思い出してもらいました。そうすると、崩壊の可能性は平均31パーセントも高くなったといいます。なかには10パーセントと予測した人が40〜50パーセント、20パーセントと予測した人が70パーセントに評価を変えていたそうです。（『超予測力―不確実な時代の先を読む10カ条』）

２０１６年のヒラリー・クリントンとトランプによる米大統領選では、選挙前は圧倒的にクリントン優位と予測していた日本の専門家が、トランプ勝利後に「だから結果は最後までわからないと言ったでしょ」と述べて、あたかも自分の予想が当たったかのような発言をしていたのには驚きました。

こうして後知恵バイアスが浸透していくのだなと納得した次第です。

第4章　情報分析力を高める

本章は、個々の情報分析者が〝情報の渦〟に巻き込まれず、偽情報に踊らされずに効率的にインテリジェンスを作成する方法について考察します。

情報分析の効率性を高めるには、情報の収集と処理を効率よく行なうことが重要です。そのために、最初に質問を設定します。

1　効率的な情報分析のための着眼

ニーズを明確にする

情報分析を効率的に行なうための第一歩は、〝小麦かモミ殻か〟の状態から、真に必要な情報を選り分けることです。言い換えれば、不要な情報はどんどん捨て去ることです。

情報分析者にとって何が重要な情報で、何を捨てるべきでしょうか？

その基準となるのがカスタマーのニーズです。政策決定者や経営者などのカスタマーが「何を知る必要があるか？」ということです。

個人の問題解決であればわれわれ自身がカスタマーです。「住宅を購入したいが、どんな知識があれば失敗しないか？」「これから書く論文やブログで何を明らかにすればよいか？」など、最初に知る必要があります。

この点をおろそかにして、思いつきで情報を集めても〝情報の泥沼〟にはまるだけです。

個人旅行を例に考えてみましょう。いきなり旅行雑誌やパンフレットに目を通さずにニーズを明確にします。

「なぜ旅行に行きたいのか？」→「リフレッシュしたいから」→「リフレッシュとは何か？」→「仕事のストレスを忘れて、これからの人生を考えたい」→「では、観光客が少なく、自然が豊かで、のんびりできる場所と宿を探そう」

このような思考過程を経たのちに旅行関連の資料に目を通せば、重要な情報とそれ以外を分けることができ、短時間で旅行プランを選択できます（実際は行き先をあれこれ悩むのが楽しいのですが）。

「知らなければならないこと」は千差万別

カスタマーから情報要求が発出されないため、情報分析者はカスタマーのニーズを自ら明らかにする必要性が生じます。

ここで注意しなければならないのは、カスタマーのニーズとは、カスタマーが「知りたいこと」ではありません。「知らなければならないこと」です。

「知らなければならないこと」はカスタマーの組織上の地位・役割、有する責任の範囲、追求する利益、専門知識などによって異なります。(※)

たとえば、北朝鮮のミサイル問題を例にすると、総理大臣、国土交通大臣、県知事によってそれぞれ意思決定する内容が異なります。

現段階では沈静化していますが、2016年から17年末にかけて、北朝鮮は立て続けに核実験やミサイル実射を行ないました。

総理大臣であれば、米国および韓国と協力し、日本の安全保障を強化する責任を負っています。北朝鮮最高指導者の意図、米国大統領の意図を探り、「戦争状態に移行する蓋然性は高まっているか?」などを知る必要があったでしょう。

国土交通大臣であれば、北朝鮮のミサイル発射が国内外の航空機や船舶の運行にどのような影響を及ぼすか、現在のJアラート態勢に不備はないかなどを知る必要があったでしょう。

県知事であれば、北朝鮮最高指導者の意図よりも、県内にミサイルが落下する可能性はあるか、上空をミサイルが通過する時に県民に危険が生じるか、あるとすればいかなる危険が予想されるかなどを知る必要があったでしょう。

この点はビジネスの世界でも同様です。同じ会社にあっても、社長、部長、課長では、それぞれ「知らなければならないこと」が違ってきます。

そのため、インテリジェンス担当者は、カスタマーの地位と役割および任務を分析し、「その任務を何のために遂行しようとしているか」を考察します。その上で「なぜインテリジェンスが必要とされるか（必要性）」「どのような戦略・戦術の決定を支援することができるか（目的性）」を見極めることになります。

こうして、カスタマーとインテリジェンス担当者の両者が同じ目標達成に向かって歩み、コミュニケーションを緊密にし、信頼関係を構築することで、はじめて有用なインテリジェンスを生成できるのです。

（※）カスタマーのニーズを把握するための技法に「レッドハット分析（red hat analysis）」がある。この手法は、敵対者やライバル会社などの立場で分析するものであるが、カスタマーの立場で分析することにも応用できる。この場合、カスタマーになり切って、その地位、責任、利益、専門性、我（情報分析者）との関連性、直面している課題などを洞察することになる。なお、レッドハット分析は、レッドチーム分析（141頁参照）とよく似ているが、同手法のように、異なるチームを編成して行なう競争分析ではない。

「逆から考える技術」を学ぶ

西側情報機関などが推奨している情報分析の手順を要約すれば、次のように整理できます。筆者は、この手順を「情報分析者のサイクル」と名づけて、その普及に努めています。

①質問を設定および再設定する。
②アウトプットをイメージする。
③質問を分解する。
④質問を解く鍵（ドライバー）を設定する。
⑤情報を収集し、整理する。
⑥情報を分析し、インテリジェンスを作成する。
⑦インテリジェンスを配布する。

ここで注意すべきは、いきなり情報を集めるのではなく、「質問を設定」して、情報分析の目的、つまりカスタマーのニーズを明確にすることです。

次に回答をイメージします。これは、「最終的なインテリジェンス・プロダクトをイメージせよ」という意味です。回答のイメージ化は、少なくとも次の五つの質問に答えることが必要です。

①プロダクトはいつ必要か？

②プロダクトは誰が使用するか？
③プロダクトの使用目的は何か？
④カスタマーはどのような形式（文書またはパワーポイント）のプロダクトを求めているか？
⑤使用者が本当に知りたいことは何か？

こうして、最終的なアウトプットのイメージを確立してから情報収集や分析作業に移ります。

この手順の最大の利点は、質問を設定し、回答をイメージする段階で不要な情報は淘汰されるという点にあります。

このように質問の設定から情報分析を始める方法を、CIAテロ対策センター副部長を務めたフィリップ・マッドは自著『CIA極秘分析マニュアル「HEAD」』で、「逆から考える技術」としています。

情報分析においては質問の設定および再設定が最も重要です。欧米のあるベテランの分析官は、情報分析の良し悪しの6〜7割は質問の設定で決まると、筆者に教えてくれました。

筆者自身も過去の勤務時代を振り返ると、インテリジェンス・レポートが作成できない者の大半は質問が設定できない、その前提となるカスタマーのニーズを明確にしようとしない、という二点に原因があったと考えます。

2　質問を設定する

(1) 最初の質問を設定する

回答を意識する

質問の設定は、ビジネスの世界での問題解決技法における「課題の設定」に相当し、その主眼は「目的意識の明確化」にあります。

質問は通常、「北朝鮮はＩＣＢＭを完成させたか？」「Ａ社はどのような市場を重視して新製品を投入しようとしているか？」といった疑問形で表示します。疑問形にすることで「回答する」という目的意識が生まれます。

質問である以上、必ず何らかの回答が必要です。言い換えれば、回答のない質問は存在しません。たとえば「北朝鮮はＩＣＢＭを完成させたか？」の質問には、「北朝鮮はすでにＩＣＢＭを完成させた」あるいは「北朝鮮はいまだにＩＣＢＭを完成させていない」という回答が考えられます。

２０１２年10月、ジョージ・Ｗ・ブッシュ政権下のホワイトハウスで行なわれた『イラクの大量破壊兵器に関する国家情報評価書（ＮＩＥ）』の冒頭は次のとおりでした。

「われわれは、イラクは国連の決議と制限に背き、大量破壊兵器計画を継続してきたと判断する。イラク政府は生物化学兵器のみならず、国連の制限を超える射程のミサイルも保有している。この状態を放置すれば、この一〇年以内（注：2022年以内）におそらく核兵器を保有することになるだろう」

これは、インテリジェンス・プロダクトの結論部分の要約ですが、これが、質問に対する回答にあたります。

この回答から当時の米国情報機関が設定した質問を推量すれば「イラクはどのような大量破壊兵器計画を進めているか？　今後10年以内に核兵器を保有するだろうか？」ということになります。

実際にどのような情報要求がホワイトハウス（カスタマー）から情報機関に出され、情報機関がいかなる質問を設定したかは、筆者の知るところではありませんが、ここで強調したいのは質問を正しく設定するために、どのような内容を回答（結論）に含ませるかというイメージアップが必要不可欠であるということです。

つまり、常に回答をイメージしつつ質問を設定します。この二つの作業は同時並行的に行なわれるべきものです。

質問は四つに分類できる

質問には「はい／いいえ」形式で答える質問と、この形式では答えられない質問があります。前者

	現在の質問	将来の質問
クローズドクエスチョン	北朝鮮は核兵器を保有しているか？	北朝鮮は今年中にICBMの開発に成功するか？
オープンクエスチョン	・北朝鮮は現在、どの程度核弾頭を保有しているか？ ・北朝鮮が核開発を行なっている動機は何か？	・北朝鮮はICBMの開発にいつ頃成功するか？ ・北朝鮮はICBMの開発成功までにどんな試みを行ない得るか？

質問形式の分類（一例）

は「クローズドクエスチョン」、後者は「オープンクエスチョン」と呼ばれています。

たとえば「北朝鮮は核兵器を保有しているか？」の質問は、「はい／いいえ」で答えればよいので「クローズドクエスチョン」になります。

一方の「オープンクエスチョン」は、通常「いつ」「どこで」「誰が」「なぜ」「いかに」で始まります。「北朝鮮は、どのくらいの量の核弾頭を保有しているか？」「北朝鮮が核開発している動機は何か？」という形式の質問です。

さらに時間軸を考慮すれば、現実に起こっていることに関する質問（過去に起こったことも含む）と、現在は起こっていないが、将来起こるかもしれないことに関する質問の二つがあります。前者を「現在の質問」、後者を「未来の質問」といいます。

前述の「北朝鮮はＩＣＢＭを完成させたか？」は「現在

の質問」です。一方、「北朝鮮はＩＣＢＭの開発に成功するか？」は「未来の質問」です。

後者の質問は「未来の質問」であると同時に「クローズドクエスチョン」でもあります。

これを「オープンクエスチョン」に転換すると、「北朝鮮はＩＣＢＭの開発にいつ成功するか？」「北朝鮮がＩＣＢＭの開発に成功するまでにどのような試みが行なわれるか？」となります。

このように、「オープンクエスチョン」か「クローズドクエスチョン」か、「現在」か「未来」か、という二軸で質問は四つに分類されます。

現在の質問と未来の質問の違い

現状分析を行なうための鍵となる「現在の質問」は、情報（インフォメーション）を入手するだけで答えられる場合があります。

「北朝鮮は核兵器を保有しているか？」「北朝鮮は現在、どの程度核弾頭を保有しているか？」などは、北朝鮮の有力筋からのヒューミント情報や画像情報、さらには新たなテキント（技術的情報）が得られれば、解明できる可能性があります。

たとえば「Ｘは犯人か？」という質問に対しては、「Ｘを犯行現場で見た」「犯行現場にＸの遺留物が落ちていた」などの情報（証拠）が容疑の決め手となります。このような場合には確定的な情報があればよいわけで、インテリジェンスは不要です。

しかしながら、「未来の質問」は、どのような情報があろうとも確定的な決め手にはなりません。「北朝鮮は今年中にＩＣＢＭの開発に成功するか?」は、どんなに確定的な情報があっても確実ではありません。予想外の事態はつきものだからです。

たとえば「Ｘ国が２０２０年にＹ島を武力侵攻する計画を立てている」といったトップシークレット的な情報が入手されたとしましょう。しかし、それだけでは「Ｘ国が２０２０年にＹ島に侵攻する」とは断言できません。

なぜならば、未来の出来事が生起するまでには時間的余裕があり、作戦計画の変更など「状況（情勢）の変化」が起こりうるからです。

したがって、いくつかの情報を突き合わせて、変化要素も加味したインテリジェンスを作成しなければなりません。

よい質問の条件

よい質問とは、「有用であること」「タイムリーであること」「焦点が定まっていること」です。

これらは、第１章で述べたインテリジェンスの三つの存立要件（17頁参照）から派生しています。

ＣＩＡテロ対策センター副部長を務めたフィリップ・マッドは次のようなチェック項目を挙げています。

- どうしたら、「はい／いいえ」形式の質問を避けられるか？
- 非専門家でもこの質問を理解できるか？
- 「電話で母親に説明するような[※]」練習をしたか？
- 三行以内で、かつ従属節が一つだけの文章に質問をまとめることができるか？
- その質問は包括的か？　網羅すべき項目はすべて網羅し、有益な答えを提供できる程度に狭められているか？
- 質問は意思決定者のニーズを反映しているか？

つまり、「聞いてもわかりやすく、閉鎖的にならないよう漏れがなく、回答が可能であり、カスタマーを満足させる」ということに要約できます。

（※）マッドは、明瞭な質問の喩えを、情報分析の素人である母親が、電話口で一度聞いただけで理解できるものとした。

クローズドクエスチョンからオープンクエスチョンへ

クローズドクエスチョン（はい／いいえ）は論点を明確にして分析の効率化を図る効果があります。しかし〝クローズドクエスチョンの呪縛〟によって、本来は検証すべき仮説が立てられず、正しいインテリジェンスを作成できない欠点があります。

たとえば、オウム真理教が起こした松本サリン事件では、第一発見者が犯人として疑われました。これは「誰が犯人か?」という質問よりも、第一発見者を念頭に「彼が犯人か?」というクローズドクエスチョンを解明しようとしたからだと考えられます。そのために初動捜査を誤り、真実の解明が遅れ、第二次災害(地下鉄サリン事件)を招いたといわれています。

イラク戦争においては、「イラクのサダム・フセインは化学兵器を保有しているか?」といった「クローズドクエスチョン」にもとづき、フセインが化学兵器を持っているとの思い込みが支配しました。そして、それを支持する情報ばかりが集められ、「確証バイアス」(99頁参照)による誤ったインテリジェンスが作成されました。

さらに当時の政策決定者であるブッシュ米大統領やパウエル国務長官は、インテリジェンスをフセイン打倒という政治的目的に使用することばかり考えていました。つまり、「インテリジェンスの政治化」(72頁参照)が起きたのです。

このような失敗に陥らないためにも、〝クローズドクエスチョンの呪縛〟を解き放ち、オープンクエスチョンに転換することが大事です。

「5W1H」の概念で整理する

「現在の質問」を立てる場合、「5W1H（いつ、どこで、だれが、なにを、なぜ、どのように）」によって「何が明らかであり」（既知情報）、「何が不明か」（未知情報）を点検します。これを事実分析といいます（描写的分析ともいう。厳密にいえば事実の列挙・整理であり分析ではない）。

たとえば2017年11月29日、北朝鮮はICBM（「火星15」）を発射しました。当時の新聞報道で、5W1Hの項目はほとんど埋まりますが、発射の動機についての詳細、すなわち「なぜ？」は不明です。

そこで、「北朝鮮のICBMの発射は国家の記念行事と関係があるか？」「北朝鮮のミサイル発射と、中朝関係の悪化は何か関係があるか？」などの相関関係を考察します（相関分析）。

同時に「北朝鮮はなぜミサイルを発射したか？」という質問が設定され、これが起点になり、そこから派生的に「なぜこの時期に発射したか？」「なぜ、通常よりも角度を大きくして高く打ち上げるロフテッド軌道を採用したか？」というような質問を設定していきます。これを背景分析といいます。

これら「現在の質問」を起点に事実分析、相関分析、背景分析を行なうことをまとめて現状分析、あるいは動態分析といいます。（34頁参照）

現状分析では「なぜ起きたか？」「なぜ行なったか？」などの背景や動機が極めて重要です。

これは表面上には現れないことを明らかにするという目的に加え、「なぜか？」と問うことで、現在の論点を深掘りして、さまざまな相関・因果関係を明らかにし、そこから未来予測の起点を得られるからです。

ただし、すべての事象が「なぜか？」という質問からスタートするわけではありません。たとえば「3億円強奪事件」のように容疑者が特定されなければ、犯行の動機はわかりません。ここでは「だれか？」（犯人像）が当初の質問の起点になったとみられます。

未来予測ではオープンクエスチョンが重要

未来予測は、「未来の質問」を設定して、「○○が起こるかもしれない」といったことを明らかにします。

未来予測を行なう場合、最初に「クローズドクエスチョン」を設定することは「論点を絞る」意味では有効です。ただし、未来の事象は「はい／いいえ」で答えられるような単純なものではありません。

そうした理由から、前述のフィリップ・マッドは「はい／いいえ」形式のクローズドクエスチョンは当てにならず、「はい／いいえ」で結論を出すように迫る圧力を「確実性バイアス」と称しています。

確かに一部のカスタマーが「はい／いいえ」をはっきりと求めたがる傾向にあることは否定できません。しかし、カスタマーが本当に知る必要があるのは「はい／いいえ」ではなく、もっと別のことです。それをカスタマーに気づかせることが重要です。

個人の問題についても同様です。「自分は結婚すべきか？」という質問は愚問です。そうではなく、何のために結婚するのか、よりよい人生を送るためにはどうすべきかを知ることが重要なのです。

情報分析者は、カスタマーからクローズドクエスチョンを受けたら、「（カスタマーが）本当に知らなければならないことは何か？」「政策決定上の『不確実性』を低減するには何を知ればよいか？」などを考え、それをオープンクエスチョンに転換していく作業が必要です。

質問は常に修正する

質問は一度立てたら「終わり」ではありません。たとえば「北朝鮮はＩＣＢＭを完成させたか？」という質問は、北朝鮮がＩＣＢＭを完成すれば、もはや不要です。

次に「北朝鮮はＩＣＢＭをどのような条件で使用するか？」「米国は予防攻撃をするか？」といった別の質問に転換しなければならないのです。

カスタマーの情報要求は常に変化します。これは安全保障の分野に限らず、ビジネスでも同様です。「どんな株を購入すべきか？」という質問は、購入後は「いつ、どれくらいの値段で売却すべきか?」に質問を転換する必要があります。

しかも「情報要求が変わったよ」「次はこれを明らかにしてほしい」という指示がカスタマーから情報分析者に届けられることはまずありません。

情報分析者は、カスタマーとの意思疎通を積極的に心がける必要がありますが、時間、距離、立場の壁から頻繁な意思疎通は容易ではありません。とくに上級のカスタマーほど時間は限られています。ゆえに情報分析者は環境の変化を見逃してはなりません。最初の質問が「ベストな車を探して」であったとすれば、カスタマーが車を購入したかどうかに注意します。そしてカスタマーから新たな情報要求がなくても、先行的に新しい質問を設定し、その回答準備に取り組むことが重要なのです。

ビジネスパーソンにとっては、社長、部長、課長などの業務予定や、周辺環境の変化に対して常に敏感になる必要があります。

(2) 質問を再設定する

再設定によって論点を明確にする

質問の再設定は、最初の質問を異なった視点から見直し、別の質問に置き換えることです。

なぜ質問の再設定が必要になるのでしょうか? それは、最初に与えられた質問(情報要求)は、カスタマーが真に必要とするものではなかったということがしばしばあるからです。

「質問の再設定」がどういうものか、簡単な事例でみてみましょう。

あなたは経営コンサルタントです。依頼主から「新製品を開発したいので、どんなものが売れているか調査してくれ」と依頼されたとします。

そこで、あなたは次のように考えて行動しました。

①依頼主の立場に立って「依頼主が達成しなければならないことは何か？」を分析した。

②依頼主の本当の役割は「新製品を開発する」ことではなく、「売り上げアップを図る」ことであるとの結論に達した。

③「新商品の開発」に関するノウハウを依頼主に提示しても満足しないと考えた。

④あなたは「売れる商品は何か？」という最初の質問を「売り上げアップのためにはどのような企画があるか？」という質問に転換した。

⑤依頼主に「本当に欲しているのは売り上げアップのための有効な企画ですね」と確認した。

⑥依頼主は「知りたかったのはそれだ」と気づいた。

質問の再設定は次のような視点から行ないます。

● カスタマーから提示された情報要求が、本当にカスタマーの知らなければならないことか？

- 自分（情報分析者）は安易な結論に飛びつこうとしていないか？
- どれが既知情報で、どれが未知情報か？
- 前提は明らかになっているか？

国家安全保障に関する情報分析で、質問の再設定はしばしば行なわれます。とくに重要なインテリジェンス・プロダクトを作成する際には、集団で質問の再設定を行ないます。なぜなら、質問の再設定が効果的な情報分析を行なうために重要であることが共通認識になっているからです。

質問の再設定によって、当初の質問（プロダクトのテーマ）と別なものになることも珍しくありません。

三つの「目」を活用する

質問の再設定とは、最初の質問を異なる視点から見直すことです。異なる視点には、相手側の視点、一般的な見方と反対の視点、組織全体の視点、個人の視点など、さまざまあります。

ここでは、物事の本質を見抜く「三つの目」について紹介します。

空から全体を見渡すのが「鳥の目」（鳥瞰図）、顕微鏡を覗くように焦点を絞って見るのが「虫の目」（虫瞰図）、潮の流れをキャッチするようにトレンドを見るのが「魚の目」（魚瞰図）です。

質問の再設定でも、この三つの目を活用するとよいでしょう。たとえば「商品の売れ行きはなぜ低下したか?」をそれぞれの目で再設定すると次のようになります。

●「鳥の目」……消費者の購買力は全国的に低下しているとすれば、その原因は何か?

●「虫の目」……どんな種類の商品の売れ行きが低下しているか? それは特定の時間帯と関係しているか?

●「魚の目」……その種の製品の売れ行きが低下しているのは最近のことか? 消費者のニーズはどのように変化したか?

質問を再設定することは正しい結論を導き出すために非常に重要です。

質問の再設定については、付録「情報分析の実習」で取り上げましたので参照ください。(218頁参照)

ブレーンストーミングを行なう

質問の再設定は個人で行なうことも可能です。しかし、個人の想像力には限界があり、一度決定した質問は容易に変更できないという「アンカーリング・バイアス」(114頁参照)があるので要注意です。

これを回避するにはグループ討議が有効です。グループには異なる立場の者、外部からの特定分野の専門家などの参加が望まれます。これは集団浅慮を防止するためです。

安全保障の情報分析を行なう際、ある西側情報機関はグループのメンバーは6～8人が適切であるとの見解を示しています。これが経験上、分析作業を活発化し、効率的に行なうための理想の人数だとされます。

6人以下でも構いませんが、司会進行を含めて少なくとも4人は確保したいものです。

作業は「導入」「討議」「取りまとめ」「点検」に分かれます。それぞれの所要時間はテーマによって異なりますが、分析作業の終了時間を明確に示すことが大切です。

グループ討議の方式には、ブレーンストーミング、レッドチーム分析、チームA／チームB分析があります。最も簡単なものがブレーンストーミングです。

ブレーンストーミングは「参加者が自由に意見を発表することを奨励することで、グループでできるだけ多くのアイデア（仮説）を出し合う」ものです。（183頁参照）

各人の自由な発想を尊重し、自由に意見を述べることで、多彩なアイデアを得ることを目的にしています。突拍子もない発想も無視しないで、大事にするところに、その最大の狙いがあります。

ブレーンストーミングで質問の再設定をする手順は以下のとおりです。

①「知っていること（既知情報）」「知らないこと（未知情報）」「前提」に分けて情報を列挙する。
②「知らなければならないこと」を明らかにする。論点がいくつか浮上したら、それをいくつかの特徴ある質問にまとめる。
③それぞれの質問を「カスタマーにとって何が有用か？」の基準で優劣をつける。
④グループ討議により最初の質問を再設定し、言い換える（前述した「質問の再設定」の手法を活用する）。

再設定した質問が最初のものと別のものになっても気にする必要はありません。むしろ、質問を再設定する過程で、既知情報、未知情報、前提が明らかになることが重要です。

（※）レッドチーム分析は、敵対国の立場に立つ分析官チームを編成して分析する手法。一方のチームA／チームB分析は、異なる二つのチームで相互に分析を競わせる手法。

（3）質問を分解する

質問をブレークダウンする

質問を設定、あるいは再設定できたら、次はその質問を「どのような要素に分解して分析すればよいか?」「いかなる切り口から分析すればよいか?」という疑問が生じます。

質問を下位の質問に分解して解釈しやすいレベルに落とし込むことを「ブレークダウン」といいます。そうすることで回答を導きやすくします。

米国防省では、質問を下位の質問に細分化することを「ストラテジーからタスク」へという言い方をします。抽象的な上位レベルの質問を、具体的な下位レベルに分解することであり、伝統的な手法です。

たとえば「我は敵に勝てるか?」という抽象的な質問を、『孫子兵法』の著書である孫武は「道」「天」「地」「将」「法」の五つの構成要素に区分しました。

道……国家の基本方針、すなわち国家戦略を指す。

天……明暗、天候、季節などの気象であり、時機（タイミング）を指す。

地……地形や地理などの環境的条件を指す。

将……国家指導者や作戦指揮官を指す。

法……組織、制度、指揮法など指す。

このように孫武は勝利の要素を五つの下位レベルに細分化しました。それはさらに下位レベルにブレークダウンできます。たとえば「将」は「国家指導者」「作戦指揮官」に、「法」は「組織」「制度」「指揮法」などの下位レベルに分解できます。これをライバル企業の分析に活用することもできます。

フェルミ推定を応用する

質問の分解で、よく知られている手法が「フェルミ推定」です。

エンリコ・フェルミは、原子爆弾の開発で中心的役割を果たしたイタリア系米国人の物理学者で、ノーベル賞を受賞しました。

彼は「シカゴには何人のピアノの調律師がいるか？」という質問を学生に出しました。そして「この質問に答えるためには、どんな情報が必要か？」と自問させたのです。

以下は、フェルミ推定による質問の分解です。

この質問に答えるには次の二つの情報が必要である。

①シカゴでは1年間に調律の仕事がどれだけあるか？

②1人の調律師は年間、何台のピアノを調律できるか？

まずシカゴの世帯数は統計から300万人とわかる。1世帯あたりの人数は平均3人として、総世帯数は100万。10世帯に1台の割合でピアノを所有していると推測して、シカゴのピアノ台数は10

万台。年1回調律すると推測して、年間10万件の調律が行なわれている。

次に調律師が1日に調律できる台数を3台と推測して、週5日働くとすると平均的な調律師は年間250日働き、750台のピアノを調律することになる。

以上から、10万割る750で、シカゴの調律師の数は約130人と推計した。


このフェルミ推定は就職試験でも活用されているようです。[※] こうした柔軟な思考法は、情報分析における さまざまな局面で応用できます。

(※) フェルミ推定問題はジョン・ケイドー著『ビジネス頭を創る100の難問』でいくつか紹介されている。

「MECE」で質問を分解する

質問を「ストラテジーからタスク」へ分解する上で役立つツールの一つに「MECE」という概念があります。

これは「Mutually Exclusive & Collectively Exhaustive」の頭文字をとったものです。「ある事柄を重なりなく、しかも漏れのない部分の集合体の概念として捉えること」を意味し、「ミーシー」と呼びます。

この思考法は、米国の経営コンサルティング会社のマッキンゼー社が最初に使用したとされます。

ＭＥＣＥは、大きく以下の３段階に分かれます。

①羅列アプローチ

思いつくままに外部から入手できる情報（データ）を列挙する。

②仕分けアプローチ

情報を曜日、時間帯別といった基準で機械的に仕分けし、チェックしやすいようにする。ただし、この段階では内容の重複や漏れがたくさんある。

③ＭＥＣＥアプローチ

情報の全体集合を漏れも重なり合いもない部分集合に分ける。たとえば、「定期的に入ってくる情報」と「不定期の情報」、「一般に公開されている情報」と「非公開の情報」、「有料の情報」と「無料の情報」、「業界情報」と「そのほかの情報」などに大別し、さらに定期情報を月刊、週刊、日刊などの頻度で整理する。

ＭＥＣＥには、知っておくと便利な区分原理（フレームワーク）がいくつかあります。最も基本的なものは「５Ｗ１Ｈ（いつ、どこで、だれが、なにを、なぜ、どのように）」です。このほかに対照型概念として「質と量」「国内と国外」「ハードとソフト」「変動と固定」「現在・過去・未来」などが挙げられます。

日本でも諸外国と同様に、フレームワークを確立する試みが行なわれてきました。大辻隆三著『生き抜くための戦略情報』では、地理、社会、政治、経済、運輸・通信、科学技術、軍事、人物の8要素が挙げられています。

これら8要素の中でも、相手国の基礎情報を見る上で政治、社会、経済、軍事、技術の五つは中心的なフレームワークとなります。

階層ツリーを利用する

階層ツリーとは、MECEをベースに「上位」「下位」という「階層」を加味したものです。

これは質問を細分化したり、質問の全体像を把握したりするために有効です。

この手法は上位階層から下位階層にいくにしたがって、2～4個程度に枝別れしながら分解（ブレークダウン）していく「樹形図」を基本としています。後述する「ロジック・ツリー」や「イベント・ツリー」も「階層ツリー」分析の応用です。

北朝鮮問題を例に簡単な「階層ツリー」を用いて、その効用を解説します。

最初の質問を「北朝鮮がミサイルを発射する意図は何か？」とします。

まず意図を「MECE」を用いて軍事的意図と非軍事的意図に区分します。

非軍事的意図の分析が重要であると考えたなら、これを政治的意図、経済的意図、その他といった

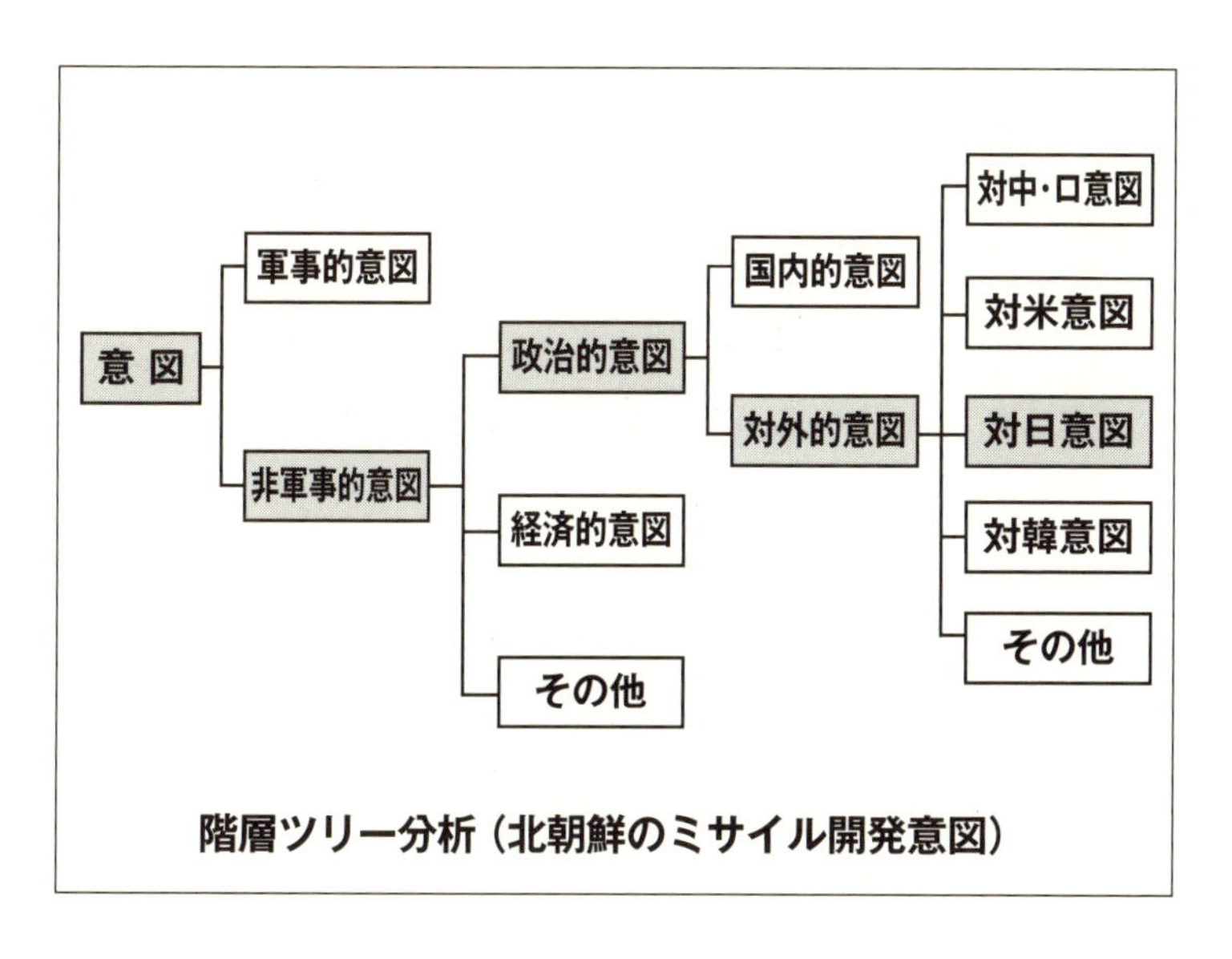

階層ツリー分析（北朝鮮のミサイル開発意図）

具合に区分します。

その政治的意図は、国内的意図、国外的意図に区分し、国外的意図は対韓、対中、対ロ、対米、対日意図、その他に区分します。

このように質問を階層的に細分化することで、必要な要素を漏れなく効率的に分析することができます。付録「情報分析の実習」で質問の細分化について取り上げましたので参照ください。（222頁参照）

3　ドライバーを設定する

（1）ドライバーを案出する

ドライバー（鍵）とは何か？

前述のように、質問を上位から下位にブレークダウンしたり、ＭＥＣＥフレームワークを活用したりすることで回答が得やすくなります。しかし、複雑な問題にはさらなる思考作用が追加されます。質問を解く〝鍵〟を「ドライバー」と呼びます。

ドライバーは、質問を処理（分析）しやすい単位に分解し、分析の効率性を増進するものです。『CIA極秘分析マニュアル「HEAD」』では、「車の購入についてどのように考えるか？」という質問を分解するためのドライバーとして、「コスト」「信頼性」「チャイルドシートの適合性」「安全性」「大きさ」「燃費」の六つを挙げています。

同書では、さらに複雑な問題として「テロ組織の弱体化にわれわれはどの程度成功しているか？」「われわれの弱点はどこか？」という質問を事例に、「テロリストの安息地」「資金」「新たな戦闘員」「指導部」「連絡手段」「イデオロギーに対する国境を越えた共感（一般の支持）」「武器・弾薬の入手」「訓練」「施設（移動や書類作成などを行なう基盤）」を挙げています。

車の購入に関するドライバーを案出するのは難しいことではありませんが、テロ関連の質問のドライバーを案出することは難問です。対テロ専門家でもある程度の時間が必要です。ただ、いきなりテロ関連の膨大な情報やデータと格闘するよりは、最初にドライバーを案出する方がはるかに賢明です。結果的には時間と労力が節約されることは間違いありません。

フレームワークを活用する

ドライバーを案出する際、前述のフレームワークを活用すると便利です。たとえば「わが社はライバル会社に勝てるか？」という質問のドライバーは、孫武に言わせれば「道」「天」「地」「将」「法」ということになります。

前述の車の購入についてのドライバーは安全性、経済性、快適性の三つのフレームワークに分類できます。

つまり、「信頼性」「チャイルドシートの適合性」は安全性に集約され、「燃費」「コスト」は経済性、「大きさ」は快適性に集約できます。

このようにフレームワークはさまざまなアイデアを整理する、同時にアイデアを案出する上での枠組みとして活用できます。

関係図を作成する

実際の質問は、上位から下位にブレークダウンする、あるいはフレームワークにより区分しただけで回答が導き出させるという単純なものではありません。

たとえば「朝鮮半島はいかなる条件下で、どのような緊張状態に向かっているか？」という質問はどうでしょう。

国際社会のさまざまな要因が複雑に影響し合って、朝鮮半島情勢は緊張状態に向かったり、緊張緩和に向かったりすることになります。だから、ドライバーの案出も一筋縄ではいきません。

この場合、直面する状況の人間関係・組織関係、インフラ、兵站、などの結びつきを視覚化することで、情報分析の糸口が得られます。

関係を図式化して考えることは情報分析手法の一つです。

ただし図式を複雑にしすぎると、本来の「図式化による明瞭性」という目的から外れてしまうので、簡潔にすることに留意します。関連する周辺の情報は別紙で整理した方が賢明です。

ロジック・ツリーを活用する

「ロジック・ツリー」は、関係を階層的に図式化する情報分析の手法です。

マーケティング戦略を立てる際に、問題を論理的に考察するツールとして汎用性が高いものです。

たとえば「売上げを伸ばすにはどうしたらよいか?」という質問には、「新規の顧客を開拓する」「これまでのお客を逃さない」「魅力的な商品を開発する」「店の宣伝をする」などさまざまな回答が考えられます。

この「新規の顧客を開拓する」と「これまでのお客を逃さない」を「客数を増やす」という項目にまとめてみます。

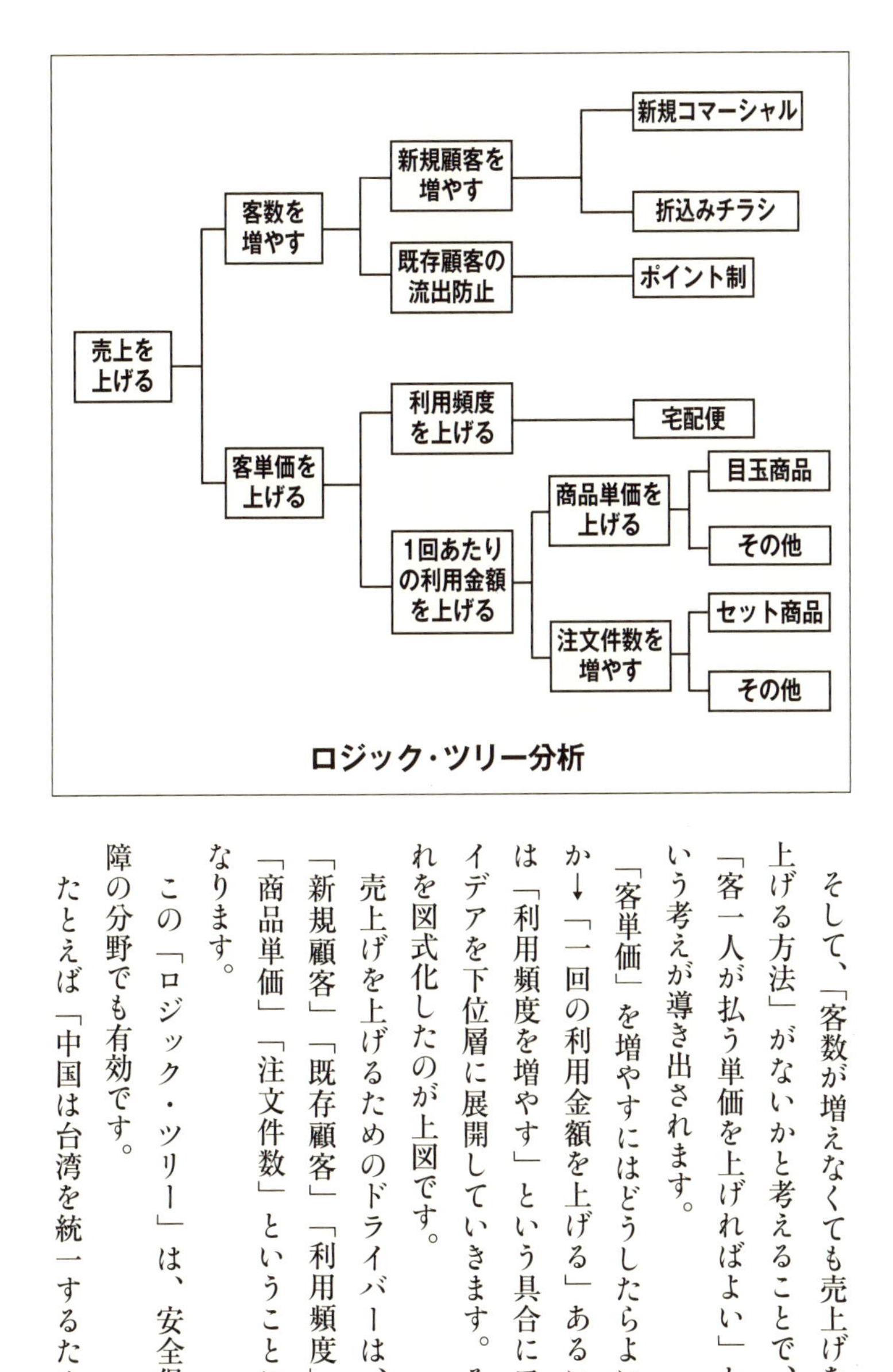

ロジック・ツリー分析

そして、「客数が増えなくても売上げを上げる方法」がないかと考えることで、「客一人が払う単価を上げればよい」という考えが導き出されます。

「客単価」を増やすにはどうしたらよいか→「一回の利用金額を上げる」あるいは「利用頻度を増やす」という具合にアイデアを下位層に展開していきます。それを図式化したのが上図です。

売上げを上げるためのドライバーは、「新規顧客」「既存顧客」「利用頻度」「商品単価」「注文件数」ということになります。

この「ロジック・ツリー」は、安全保障の分野でも有効です。

たとえば「中国は台湾を統一するため

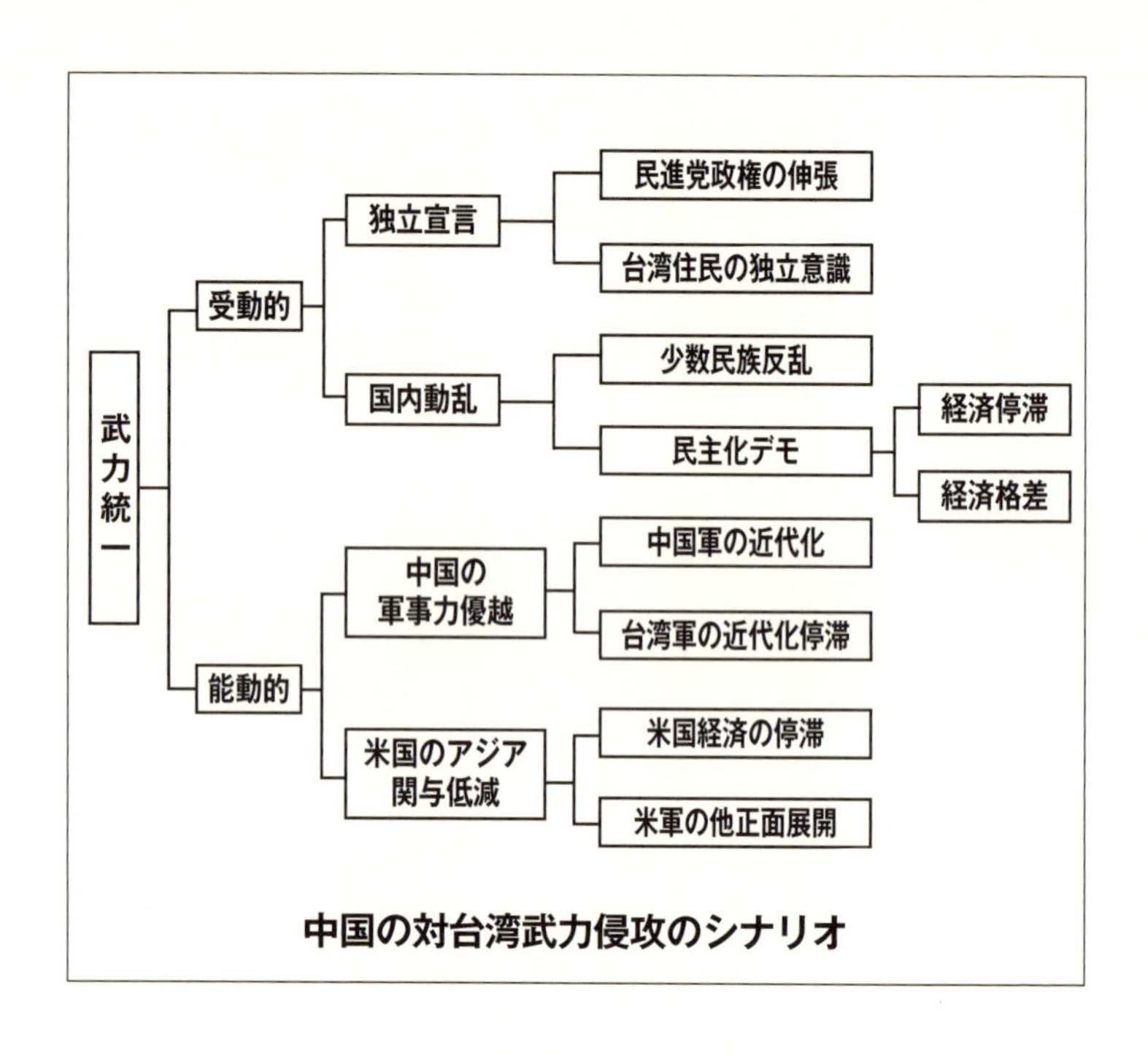

中国の対台湾武力侵攻のシナリオ

に武力を行使するか?」「武力行使の条件はいかなるものか?」という質問があったとします。

まず「台湾の独立宣言」「中国国内の少数民族問題の生起」「米国のアジア関与の低減」など中国の武力行使に関係あるものをできる限り多く列挙します。

それらを同類ないし関係するものに分けて整理します。

ここでは中国の受動的意思決定によるものと能動的意思決定によるものというMECEで整理しました。さらに各事項の関係に配慮して上図のような樹形図を作成しました。

このような図を描くことで、中国が台湾に対して武力行使するシナリオに向かうドライバーが案出できます。すなわち「中国においては民主化デモ」「少数民族問題」「中国軍の近代化」「台湾においては国内政治」「住民意識」「台湾軍の近代化停滞」「米国のアジア政策」などがドライバーということになります。

なお付録「情報分析の実習」でドライバーを案出するために「ロジック・ツリー」を用いたので参照ください。（227頁参照）

（2）ドライバーを選択する

ドライバーの数を制限し優先順位を判断する

効率的な情報分析を行なうためにドライバーを案出するのですから、ドライバーの数が多すぎないように制限します。

前述の『CIA極秘分析マニュアル「HEAD」』では、ドライバーの数は6～10個が望ましいとあります。

前述のように車を購入する際に「コスト」「信頼性」「チャイルドシートの適合性」「安全性」「大きさ」「燃費」というドライバーを案出したとします。でも買う人によってドライバーの優先度は違ってきます。

もし資金的な余裕があれば「コスト」の優先順位は下がります。余裕がなければ「コスト」「燃費」といったドライバーの価値は上昇します。車の購入を決める直前に交通事故のニュースを聞いたら、「安全性」が上昇するでしょう。

北朝鮮問題を例に考えてみましょう。

2017年、トランプ米大統領は「北朝鮮がこれ以上米国を脅すようなことをすれば、世界がこれまで目にしたことのないような炎と怒りに直面することになる」と発言しました。

この発言を聞いた多くの人々は「北朝鮮情勢を左右する鍵（ドライバー）は、米国の対北朝鮮政策である」と感じたでしょう。

ドライバーの優先度は、最近知ったこと、強く印象に残ったことに誘引されがちです。つまり、ある種のバイアスに引っ張られて客観的な判断ができない状況です。そうならないためには、ドライバーを案出したら、その時々の新しい情報に過剰反応しないことが肝要です。

ドライバーに評価尺度を設定する

現状の問題を分析する場合、ドライバーに入れる情報は基本的に既存の情報です。しかし、未来予測を行なう場合は、そのドライバーの中に新しい情報が入ってきます。つまり情報は絶えず変化します。

たとえば「米国の北朝鮮に対する先制攻撃はどの程度差し迫っているか？」という質問を設定したとします。この質問に対するドライバーとして、「米国の政権」「米国の国民世論」「軍事的準備」「北朝鮮の核ミサイル開発」「北朝鮮核ミサイルの輸出」「米韓関係」「米中関係」を案出したとします。

これらのドライバーに入ってくる情報は日々変化します。たとえば「米政権の穏健派が辞任し、後任に強硬派が採用された」「北朝鮮が核実験を準備している明確な兆候が発見された」「米空母が朝鮮半島近海に派遣された」など次々と新たな情報が入ってきます。

そして情報分析者が「（日本政府は）北朝鮮に先制攻撃しないよう米国に働きかける時間はまだ十分あるが、米政権は先制攻撃について本格的に検討を開始したとみられる」という情勢評価を下したとします。

では、この情勢評価はどのような事態になれば全体的な修正を必要とするのでしょうか？

少なくとも各ドライバーには「このような状況になったら全体的な情勢評価を見直す」といった評価尺度を設置することが必要です。

たとえば、「米国の国内世論」であれば「北朝鮮に対する予防攻撃の支持が80パーセントを超えた時」、「軍事的準備」であれば「沖縄の海兵隊の増強や在韓米国人の退避勧告を発令した場合」のような評価尺度を設置します。

情勢がゆるやかに変化していくと、「ゆでガエル現象」あるいは「オオカミ少年症候群」に陥り、重要な変化を見逃しがちです。そうならないために「ドライバー」には具体的な評価尺度を設定することが肝要です。

4 情報を収集し、整理する

これまで情報分析の枠組み（フレーミング）の設定について解説しましたが、次に情報の収集について解説します。

情報分析の第一歩はまず情報収集からと思いがちです。筆者がかつて所属していた防衛省や陸上自衛隊の情報担当者もほぼ同様の認識を持っていました。

しかし、それは大きな誤解です。情報収集とは、ドライバーにもとづいて収集し、その中からさらに真に必要な情報を選り分けることです。

以下、事実の95パーセントを解明するとされる「オシント」を中心に考察します。

（1）情報を効率的に収集する

キーワード検索を行なう

ドライバーを案出したらドライバーに入れる情報（データ）を集める、あるいは、すでにある既存の情報をドライバーに振り分けます。

ここでは新聞、テレビ、書籍、そして近年急速に普及したインターネットなどのオープンソース（公開情報源）を例に考えてみましょう。

インターネット上には膨大な情報が流通し、誰でもアクセスできますが、真偽が混在した中から、正しい情報を効率よく入手するには苦労します。

必要な情報を効率よく収集するには「キーワード検索」を用います。このキーワードこそ、これまで述べてきたドライバー（鍵）なのです。

キーワード検索しても希望する情報を入手できないからといってあきらめないでください。たとえば「中国・空母」と入力して所望の情報にアクセスできなかったら、「中国・軍艦」と入力してみることです。少し上位概念まで枠を広げることがポイントです。

さらに切り口を変えることも大事です。中国は空母の原型をウクライナから輸入したので「ウクライナ・空母」と入力すると、所望の情報にアクセスできるかもしれません。
このようにキーワード検索は発想力を駆使して行なうことが重要です。

検索要領を工夫する

「キーワード検索」には知っておくと便利なテクニックがあります。検索サイトによって検索の方法はやや異なりますが、ごく一般的なことを述べます。

まず、北朝鮮の弾道ミサイルを例に、検索要領として広く認知されている技法を解説します。

● 「～とは」検索

弾道ミサイルの意義や特徴を検索する場合、「弾道ミサイル」ではなく「弾道ミサイルとは」と入力する。

● 「AND（＋）」検索

北朝鮮と弾道ミサイルの二つの用語が含まれている記事を検索する場合、「北朝鮮AND弾道ミサイル」あるいは「北朝鮮＋弾道ミサイル」と入力する。

● 「OR（|）」検索

北朝鮮と弾道ミサイルのいずれかが含まれる記事を検索する場合は、「北朝鮮OR弾道ミサイル」あるいは「北朝鮮 | 弾道ミサイル」と入力する。

●「NOT」検索

北朝鮮以外の弾道ミサイルのことを集中的に検索する場合は、「弾道ミサイルNOT北朝鮮」もしくは「弾道ミサイル－北朝鮮」と入力する。

たとえば「北朝鮮の弾道ミサイル開発がわが国の安全保障にいかなる影響を及ぼすか?」という問題に関して、どのような情報や解説記事が流れているかを確認する際、「北朝鮮・弾道ミサイル・日本・影響」というように、質問に関連すると思われるキーワードを三つから四つ入力する方法をよく使います。

ネット情報の利点・欠点を認識して活用する

ネット上で、ジャーナリストの池上彰氏と作家の佐藤優氏による「『ネット検索』驚きの6極意」（『東洋経済』）という記事が掲載されています。

そこでは、以下の六つの極意が述べられています。

①グーグル検索は効率が悪い。
②有料辞書サイトを活用する。
③ウィキペディアは、見ても「参考程度」にする。

④語学ができる人は「外国語のウィキペディア」もチェックする。
⑤電子辞書で済まさせるものは、それを活用する。
⑥情報の新しさは「冥王星」で確認する。(※)

これらの極意から読み取れるように、両氏ともにネットへの過度な依存を警戒し、ネットよりも新聞の方が効率的であるとの見解を述べています。その理由を両氏の共著『僕らが毎日やっている最強の読み方』(東洋経済新報社)から拾ってみます。

- ネット情報はノイズ(デマ、思いつき、偏見)が過多である。
- 記事が時系列に並ぶため、その重要度がわかりにくい。
- ネットで入手できる情報の多くが第二次情報、第三次情報である。
- 知りたいことだけを知ることになり、その他のことに関心が薄れ、視野が狭くなる。
- ネットの論調が社会全体の論調だと錯覚する。

この中で最も重大な問題点として認識すべきは、ネットは各人の自由な書き込みができるためにデマ、偏見などのノイズの巣窟(そうくつ)になりやすいという点でしょう。

確かにネットでは、一人が何度も書き込んだり、意図的に視聴率・支持率を上げ下げたりするなど情報を操作できます。ですからネットの論調が社会の声（世論）を客観的に反映したものではない、という指摘も当たっています。しかも、ネットではものを言わぬ多数派〝サイレントマジョリティ〟の声は反映しません。

しかし、こうしたリスクの反面、格安な経費でさまざまな情報が入手できるという、ほかでは代替できない利便性があります。また、ネット上にも情報源をしっかり明記した確かなものも多数掲載されています。

図書館に行かなくても、検索をもとに情報を絞り込める点もインターネットならではの効用です。また新聞記事には見られないネットユーザーの斬新な視点によって、新たな分析の起点も得られます。

ネット情報を活用する際は、できる限り情報源を明らかにする、記事などの作成日時を明らかにすることが重要です。その他のさまざまな功罪を認識した上で有効活用に心がけたいものです。

（※）記事が最新なものかどうかを峻別するにはどうしたらよいかについて、佐藤氏は、「２００６年に惑星から準惑星に格下げされた冥王星がひとつのチェックポイントです。きちんと『準惑星』あるいは『以前は惑星とされていた』と書かれていれば、その記事はきちんと情報が更新されていると考えていいでしょう」と述べている。

情報は積極的に取りにいく

漠然と物事を眺めていては、その実態を解明することも次に起こることを探知することもできません。「〝情報のシャワー〟を浴びているから何かわかるだろう」は禁物です。問題意識を持ち、主導的に情報を取りに行く心構えがなければ見えるものも見えません。

あらかじめいくつかの仮説やシナリオを用意し、その仮説やシナリオにもとづいて兆候リストを作成することが重要です。たとえば、米国が北朝鮮に対して予防攻撃をする兆候、あるいは北朝鮮が核実験を行なう兆候は何かを考えます。

なぜ兆候リストが必要かといえば、大きな変化には必ずそれなりの先立つ現象があり、人はそれを忘れやすいからです。(中西輝政『本質を見抜く「考え方」』)

そして、兆候は実態解明の執念をもって、想像力を発揮すれば必ず見つけられます。[※]

しかし、兆候リストの作成だけでは不十分です。それらの兆候はどうすれば探知できるか、つまりその兆候が生起しているかどうかを誰に聞けばよいかをあらかじめ決めておくことが大切です。さらにその兆候が発生していないかどうかを積極的に聞きに行くことが重要です。

軍事作戦において、敵側が作戦を秘匿し、情報がとれない場合、威力偵察という手段があります。これは、敵陣地に射撃し、その反応によって、そこが本当の陣地かどうかを見極めるものです。時には、こうした積極姿勢が重要です。

また、平素から留意すべきこととして、関心の扉を開き、全方向にアンテナを張っておくことも重要です。（47頁参照）

自分の専門領域に関する情報ばかりに集中しようとしないで、ジャンルを問わずに雑誌を読む、書店や図書館に足を運ぶ、電車の中吊り広告に目をやる、ホームページを見る、いろいろな人と話をするなどが重要です。

新聞の書籍広告は貴重な情報源を探し出すため、現在のトレンドを見るために有効です。書店は書籍が体系的に分類され、また売れ筋の本が目につきやすいように配置されているので、その領域・分野のトレンドを把握する上で便利です。

このように、貴重な情報源は身近にあります。それを活用できるか見逃してしまうか、それは情報分析者の貪欲な問題意識に関わっています。

（※）1996年12月の「在ペルー日本大使公邸占拠事件」では、わが国の最大関心事はペルー軍が強行突入するかどうかであった。その決め手となるインテリジェンスは、ペルー日本大使公邸を行き来するトラックのタイヤの空気圧から判断された。つまり、そのトラックは強行突入のためのトンネルを掘った際に出た土砂を運んでいたのである。この情報が米国大使館経由で当時の外務次官らに届けられ、「ペルー軍の強行突入の可能性あり」と日本政府は判断したようである。（『日本経済新聞』高村正彦「私の履歴書 ペルー人質事件」）

第二次情報を活用する

第2章で、第一次情報になるべく接するのが原則であると述べました。しかし、直接見る、聞くなどの第一次情報に接するためには時間、カネ、人脈が必要です。よってほとんどの者にとっては第二次情報を扱うことが一般的です。

また、第一次情報は事象（出来事）であるので、それ自体が何を意味しているのか釈然としません。たとえば、北朝鮮の核実験場の画像が公開されても、ほとんどの者はそれが何を示唆するのかわかりません。

しかし、新聞記事や解説記事を読むとその重要性が認識できます。たとえば「38ノース」（北朝鮮に関する分析を専門とするウェブサイト）は、過去の画像を引用しつつ「実験場のトンネルで新たな活動が見られる。これはメンテナンスと小規模な掘削作業が再開したことを示している。北朝鮮による核実験の兆候の可能性がある」などと報じます。これは「38ノース」の解釈が加わった情報ですが、われわれは、そこから情報が示唆する意味を理解することができます。

また論文・論評は、事象を分析する上での切り口や視点を得ることができますが、すべて第二次情報です。

このように第二次情報の利用価値は高いのです。ただし、これは第三者の偏向が加わっている可能性があることを常に意識し、情報の正確性について批判的に評価する必要があります。

また、論文・論評を引用して書いた記事は〝孫引き情報〟となり、情報としての価値は下がります。ただし、論文・論評には、参考文献や出典が掲載されていることが多く、これらには第一次情報が含まれている場合があるので、重要な個所はできる限り原典にさかのぼることが重要です。

秘匿記事から重要情報を入手する

テレビや新聞報道、雑誌やインターネットの記事には「A氏が発言した」「B氏が認めた」など、情報源を秘匿したものをよく見かけます。

情報源が秘匿されているからといって、その記事の正確性（信憑性）が必ずしも低いわけではありません。

その記者が記事に絶対の自信があっても、情報源を守るために本名を伏せることはあるでしょう。ですから情報源が秘匿された記事には重要な情報が隠れている場合がよくあります。

新聞やニュースの中で、「政府首脳」「政府筋」「官邸筋」「政府高官」という言葉がよく使われます。これは、政府首脳＝官房長官、政府筋と官邸筋＝官房副長官、政府高官＝官房副長官また各省庁の局長クラスといった具合に、置き換えて読め、ということです。オフレコであっても、記事として掲載する必要があり、内容に自信がある場合には、こうした隠語を使用するようです。

一方、「関係筋」とした場合は、特定の人物から裏付けを得られていないが、今後、重大ニュース

政府首脳	官房長官(首相の可能性もある)
政府高官	官房副長官(官房長官の可能性もある)
政府周辺	首相秘書官など
政府筋	官房副長官・首相秘書官
党首脳	党首・党幹事長
党幹部	党三役(党四役)
○○周辺	○○の秘書
○○省首脳	次官級
○○省幹部	局長級・審議官
○○省筋	中央省庁の実務者
○○派領袖	派閥会長・派閥代表
○○派幹部	派閥副会長・派閥事務総長
権威筋	その問題で決定権をもつ人、消息筋
極めて信頼すべき筋	その問題の決定権はないが、知識をもち解析ができる専門家
企業首脳	法律上の代表権者である社長
企業幹部	取締役などの役員、社長だが特定を避ける必要がある場合

情報源の隠語

に発展する可能性があるので、とりあえず関係筋の情報として第一報と掲載する際に用いられるようです。

なおオフレコとは「オフ・ザ・レコード」の略で、報道側が記録しないと約束した非公式発言のことです。オフレコ記事とは、記者が問題の背景などを説明するため「名前は出しませんが、言ったことは明らかにしますよ」というものです。政治家のオフレコでの失言が話題になりますが、オフレコ記事は問題の背景をしっかりと認識する上で無視してはならない情報です。

問題の背景自体も明らかにしないものを「完全オフレコ」というようです。(橋本五郎『新聞の力—新聞の読み方で世界が見える』)

こうした記事は、報道機関の中で共有され、口伝(くでん)によって伝えられ、それを週刊誌が集めて公表することもあります。その意味では、週刊誌の情報にも無視できないものがあるということです。

(2) 情報源と情報の評価をしっかり行なう

評価のための尺度を持つ

第3章で述べたように、インターネット上では出所不明の情報が氾濫したり、マスコミによるヤラセ記事、国家組織による情報操作が行なわれたりしています。

こうした真偽の情報が混在しているなかから、有用な情報を選り分けるには情報源と情報の評価をしっかり行なうことが必要です。

作家の保坂正康氏は「昭和史の著作を読むときは、筆者の位置(どのような立場にいたか)、思想(どのような考え方で論じているか)、いつ刊行されたか(時代背景と関連があるか)、出版社はどこか(昭和史について理解のある出版社か否かは図書目録をみればおおよその判断はできる)などをみて選ぶことが肝心だろう」(保坂正康『昭和史がわかる55のポイント』)と述べています。

これは情報源の信頼性を評価する尺度として大いに活用できます。

また、情報の正確性は、一般に「妥当性」「一貫性」「具体性」「関連性」という四つの尺度で評価します。（『戦略的インテリジェンス入門』）

この中でも、特に重要なのが「妥当性の尺度」です。

作家の佐藤優氏は『インテリジェンスの最強テキスト』の中で、2015年の日本人人質事件(※)を事例に、新札は追跡されやすいこと、紙幣の重さが尋常ではなく受け渡しが容易ではないことなどを理由に、「72時間以内に身代金として2億ドルを支払え」というテロリストの要求は、実現不可能なことを前提にしている疑似問題であると解説しています。

佐藤氏は、「『ロジック』というインテリジェンスの眼を持てば、疑似問題に振り回されて相手の意図を読み誤らずに済む」と結論づけています。この事例も、妥当性の尺度を持つことの重要性を説いたものと理解できます。

ただし、妥当性の尺度が強すぎると、思い込みやバイアスを招き、重要な兆候を見逃すことになります。これについては前述したとおりです。（87頁参照）

（※）2015年1月20日、イスラム国の動画サイトで「72時間以内に2億ドル（日本円にして約236億円）の身代金を支払わなければ、人質の湯川遥菜さんと後藤健二さんを殺害する」と予告した。これより3日前、安倍総理は外遊先のカイロで「『イスラム国』と戦う周辺各国に総額2億ドル程度の支援を約束します」と発言した。

青、黄、赤に色分けして選別する

第2章では、米情報機関の評価基準を紹介しましたが（54頁参照）、『CIA極秘分析マニュアル「HEAD」』（早川書房）では、情報（データ）に対する自信のほど（自信の等級）を大まかに青、黄、赤の色分けする方法を推奨しています。

●青……情報源の信頼性が高いデータで、自信をもって評価できる。
●黄……情報源が間接的で、自信をもって評価できるレベルには至らない。
●赤……情報源の信頼性が不十分で、自信をもって評価できない。

さらに同書では、「一度評価してても一定期間ののちに必ず再評価する」「情報を意図に関するものと能力に関するものとに区別し、不可視的な意図に関する情報の評価は慎重に行なう。すなわち青の評価を容易に下さない」と論じています。

すべての情報を米情報機関のように評価するのは大変です。といって真実の情報も疑わしい情報も、同じレベルの判断根拠として扱うわけにいきません。ですからその情報の情報源の信頼性と情報の正確性（信憑性）がわかるよう注記しておく必要はあります。

「青・黄・赤」の評価法は、情報源の信頼性と情報の正確性とを安易に関連づけている感は否めませんが、簡易的に情報を評価する手法として活用できます。

（3）情報を体系的に整理する

問題意識をもって分類する

新聞を切り抜いたり、パソコン上で情報をフォルダ別に保存したりするなどを行なっている人も多いと思います。その際、新聞の切り抜きが乱雑に溜まったり、パソコン画面にフォルダがいっぱいになったりしてうんざりした経験はないでしょうか。

情報の処理に関して、野口悠紀雄氏は情報を機能別に分類するのではなく、時間軸で整理する方法を推奨しています（『「超」整理法』）。時間軸の方があとで検索しやすいというのがその理由です。

しかし、筆者は「入手した情報をどのようにアウトプットするか」という視点で整理しています。「わが国の情報史」「世界の情報史」「論文」「情報分析」「インテリジェンス概論」「軍事知識」「講演関係」といったフォルダを画面上に作成し、その中に日付を記した情報（ファイル）をアトランダムに振り分けます。

関心のある新聞記事、とくに図表は発行の日付と情報源を書き加えてスマホで撮影してファイル化します。

情報の処理は各人各様で、自分の置かれた環境にとって最適の方法を工夫しましょう。ただ一つ言

	胃がん	大腸がん	肝臓がん	肺がん	食道がん	膵臓がん	乳がん	子宮がん※
緩和ケア	40% 220人	35 191	43 240	40 221	39 215	56 307	32 175	35 193
化学療法	24 131	25 141	19 105	19 103	9 51	16 86	19 106	15 82
手術	14 79	19 107	11 62	10 53	9 51	8 44	14 80	16 88
放射線	2 10	1 5	3 14	2 13	7 39	1 8	2 11	2 11
放射線と化学療法の併用	16 89	15 84	18 101	24 134	32 175	15 85	27 148	26 146
その他	4 24	5 25	6 31	5 29	4 22	4 23	6 33	6 32

※男性は家族の女性がかかった場合で回答。(『AERA』2018年2月12日号「医者ががんになったら」の図表を一部修正)

マトリクス手法の活用例

えるのは、「なぜその情報を保管するのか？」「いかなる目的に使用するのか？」「自分は現在どのような問題を解決しようとしているのか？」「その情報は問題解決にいかなる示唆を与えてくれるのか？」という問題意識を持って情報を処理することが重要です。

マトリクスを活用する

マトリクスは情報を簡潔に整理するのに適しています。

上の表は週刊誌『ＡＥＲＡ』（朝日新聞出版、２０１８年2月12日号）の「医者ががんになったら」の記事に掲載したマトリクス図表を一部修正したものです。

このマトリクスは、20代から60代の全国の男女５３５人の現役医師に「自分が最も進行しているⅣ期のがんになったら、どんな治療法を選択するか？」という質問のアンケート結果です。

このままでは特徴がよくわかりませんが、10パーセント以下と50パーセント以上を色付けすると、鮮明に見えてきます。

たとえば「緩和ケア」に着目すると、膵臓がんのみ50パーセントを超えています。化学療法では食道がんのみ10パーセント以下です。手術では食道がんと膵臓がんが10パーセント以下です。放射線治療はいずれのがんも使用される割合が小さいですが、それでも食道がんはほかのがんよりも使用される割合が大です。

このように情報をマトリクスで整理して読むことで、「膵臓がんは最も治療が難しい（仮説）」「なぜ食道がんは放射線と化学療法の併用が大きくて、手術の比率が少ないのか？（質問）」などの推論や疑問が生まれます。

マトリクスは、国家安全保障における情勢分析などでも大いに活用されています。

クロノロジーを活用する

情報を体系的に整理するための代表的な手法がクロノロジーです。クロノロジーとは過去の事象を時系列に並べたものです。歴史年表もクロノロジーの一つです。

クロノロジーは、事象を時系列に配置して相関関係や因果関係を探るもので、仮説の糸口を見つけることができます。

クロノロジーは災害対策でよく用いられます。いつどこからどのような情報が入ってきたか、それに対してどのような対策を打ったかなどを一覧にします。

防災関係者が情報を共有する、必要な対策を洩れなく行なったかを確認する、後日どの時点でいかなる判断をすべきであったかなどを明らかにするためにクロノロジーは用いられます。

企業経営でも、いつどのような外部環境の変化、あるいは自社の過去の行動が、現在の経営状態にどのような影響を与えたかなどを分析する際に応用できます。

クロノロジーを活用するには、前述した「鳥の眼」によって大きく流れを捉える方法と、「虫の眼」で特定の事象に着目し、その前後左右の関連事象との関係（相関関係や因果関係）を探る方法があります。

筆者が作成したクロノロジーをもとにその効果について述べます。これは、尖閣周辺において中国が初めて起こした事件のみを拾ったクロノロジーです。（拙著『中国戦略〝悪〟の教科書』の巻末付録から抜粋）

これを見ると、中国がどのように尖閣諸島などを領有化しようとしているかがよくわかります。

１９７８年４月　中国漁船１００隻が領海侵犯
１９９２年２月　領海法で尖閣諸島の領有を明記
２００４年３月　中国人活動家が魚釣島に上陸

2008年12月　中国公船（海監）2隻が尖閣諸島領海内に侵入
2010年8月　中国漁船が尖閣諸島領海内で海保巡視船に衝突
2010年10月　海軍艦艇が与那国島と西表島の間の接続水域を通過
2012年12月　国家海洋局の航空機が沖縄・尖閣諸島の上空を領空侵犯
2013年1月　海軍フリゲート艦が海自艦艇にFCレーダーを照射
2013年4月　中国政府が初めて尖閣諸島を核心的利益と明言
2013年7月　海軍Y8洋上偵察機が宮古海峡上空を通過して西太平洋に進出
2013年9月　空軍爆撃機が宮古海峡上空を通過して西太平洋に進出
2013年11月　尖閣諸島上空を含む空域に防空識別圏を設定
2015年12月　中国軍報道官が定例記者会見で国産空母を建造中であると発言
2016年6月　海軍軍艦（フリゲート艦）が尖閣諸島周辺の接続水域で航行
2016年6月　海軍（情報収集艦）が鹿児島県口永良部島周辺の領海侵入
2016年7月　海軍軍艦が宗谷海峡を通過
2016年9月　空軍の戦闘機が宮古海峡上空を通過
2016年12月　海軍空母が沖縄の宮古島付近を通過して太平洋に進出
2017年1月　空軍爆撃機ほか合計8機が対馬海峡を通過

主体	1992年	2004	2008	2010	2012	2013	2016	2017
政治	2月国内法で尖閣の領有権					4月政府高官尖閣は核心的利益と発言 11月防空識別圏設定		
漁船・活動家		3月中国人活動家尖閣上陸		8月中国漁船尖閣領海内で海保巡視船への衝突事件				
非軍事組織			12月中国公船尖閣領海内に侵入		12月航空機が尖閣上空を領空侵犯			
中国海軍					10月海軍艦艇、与那国島・西表島の接続水域通過		6月海軍軍艦尖閣周辺の接続水域を通過 6月情報収集艦口永良部周辺の領海侵入 12月空母宮古島付近を通過	
中国空軍						7月Y8早期警戒機宮古海峡を通過 9月爆撃機が宮古海峡を通過	9月戦闘機宮古島海峡を通過	1月爆撃機他8機対馬海峡を通過

クロノロジーの図表化

このクロノジーを「政治」「漁船・活動家」「非軍事組織」「中国海軍」「中国空軍」などのプレーヤーに振り分けたのが上の表です。

こうした情報を図表化する過程で、以下の事実関係や仮説を立てることができるでしょう。

- 尖閣諸島の領有化は、国家が領有権を主張し、次いで漁船や活動家の行動が顕在化し、その後に政府の非軍事組織による領海侵犯や領空侵犯へと発展している。
- 政府の非軍事組織および海軍の活動は、接続水域の侵入、領海への侵入と段階的に行なわれている。すでに非軍事組織による尖閣諸島への領海侵入と領空侵犯は既成事実である。なお領海侵入は常態化している。

- 海軍はすでに尖閣諸島の接続水域に侵入しているので、次は口永良部島では領海に侵入しているので、次は尖閣諸島への領海侵入が予測される。
- 空軍は宮古島上空の通過（西太平洋への進出）において、洋上偵察機、爆撃機、戦闘機といったように、プレーヤーのグレードを上げながら既成事実化を図っている。これは、中国のサラミ戦術（段階戦術）の特性を如実に示している。
- 2013年7月と9月の中国軍機の飛行は、同年11月の防空識別圏設定に触発された可能性がある。ただし、政府の非軍事組織による尖閣諸島上空への領空侵犯は行なわれているが、軍用機による領空侵犯は〝即戦争〟を意味するため、しばらくはこうしたグレーゾーンでの威嚇的な行動が継続する可能性がある。

話は少し逸れますが、2016年12月に中国の空母が沖縄の宮古島付近を通過して太平洋に進出したことを受けて、あるメディアから筆者は取材を受けました。

クロノロジーによれば、海軍が新たなことをすると、空軍も同様に行なう傾向があるので、次に空軍の動きに注意する旨の回答をしました。そして予測どおりというべきか、空軍爆撃機ほか合計8機が対馬海峡を通過しました。

過去のクロノロジーと現在の状況を比較することで、未来予測の糸口がつかめます。これについては、付録「情報分析の実習」で北朝鮮問題を例に解説しましたので参照ください。(228頁参照)

第5章　情報分析力で先を読む

本章は、情報分析の客観性を高め、正確性の高いインテリジェンスを作成する要領について述べます。ここでは、いくつかの情報分析手法を紹介しつつ、現状分析から未来予測に至るまでの方法について解説します。

1　前提を明らかにして仮説を立てる

前提を明らかにする

分析には前提（想定あるいは仮定）が必要です。前提は「不完全であるものの、おおよそ正しいと判断される情報」を指します。

前提がなければ、仮説を立てられません。仮説を立てなければ結論を出せません。そもそも分析を行なうことはできないのです。

たとえば中国に関して「今後も中国共産党が政権を維持する」を前提として、その対外政策や軍事戦略を分析します。

こうした前提がなければ、いわゆる「何でもあり」の状態となってしまい、分析が複雑となり、議論は拡散します。これでは、わが国の国家政策や防衛戦略に役立つインテリジェンスを作成することはできません。つまり、前提とは分析の枠組みであり、集団で分析する際の共通認識です。

ここで注意しなければならないのは、分析の範囲と焦点を定めるために「およそ正しい」と仮定したわけで、「絶対に正しいわけではない」ということです。

「中国共産党が政権を維持する」という前提も、ここ数年に限ってみれば、かなり正しい前提ですが、50年先を視野におけば、絶対に正しい前提とはいえない可能性があります。

「隠れた前提」を見落さない

「隠れた前提」とは「主張の中で明言されていないが、確実に存在し、内容も真実となっている前提」のことです。

たとえば「人はみな死ぬ。だからソクラテスは死ぬ」という論理には隠れた前提があります。お気づきでしょうか？

この場合「ソクラテスは人である」が「隠れた前提」です。なぜ「隠れた前提」が存在するかといえば、人はみな死ぬ→ソクラテスは人である→だからソクラテスは死ぬといった三段論法では、「まどろこしい」「くどい」と感じるからです。だから、自明と見なされている前提はしばしば省略されます。

「ポスト習近平氏は誰か？」という質問には、「習近平氏は引退する」という「隠れた前提」が入っています。

「隠れた前提」がとくに問題となるのはグループ討議においてです。全員が「隠れた前提」を認識し、共通の理解に立っていればよいのですが、「隠れた前提」に対する認識が異なれば、議論はかみ合いません。たとえば「習近平氏は引退する」という共通認識がなければ、「習近平氏は永久指導者を目指している」といった仮説が出てくることになります。

他方、「隠れた前提」が発想力を制限して良質な仮説が生まれなくなるおそれがあります。時には「隠れた前提」を疑ってみることも大切です。

仮説を立てる

「前提」が明らかになったら次は「仮説」を立てます。「仮説」は、質問に対し、ある程度の理論的根拠をもって提示する「仮の結論（回答）」です。

たとえば「X国はミサイルを発射するか？」という質問に対し、「X国のミサイル発射場の車両の出入りが頻繁である」という情報から「X国は近々ミサイル発射を行なう」という仮説を立てることになります。これをほかのさまざまな情報や、現実の兆候、妥当性と突き合わせて、その仮説を立証する、あるいは反証することになります。

仮説は単なる「思い込み」であってはなりません。「検証が必要である」ことを常に意識します。仮説とは「検証を経て結論になり得るか、なり得ないかのもの」と言い換えられます。

仮説は、現時点では実際に直接観察することのできない事件や状況について述べるものです。これらの事件や状況は必ずしも「未来に起こること」だけではありません。「過去に起こったこと」あるいは「いま起きているが、観察できないこと」も含まれます。

北朝鮮情勢を例に、それぞれの仮説についての具体例を挙げてみます。

- 過去に起こったことの仮説……2016年1月の北朝鮮の核実験は水爆実験であった。
- いま起きているが観察できないことの仮説……金正恩の朝鮮人民軍に対する頻繁な視察は軍に対する統制・管理は不十分であることの表れである。
- 未来に起こるかもしれないことの仮説……北朝鮮は非核化の約束を破棄し、核弾頭搭載のICBMの完成を目指す。また第8回の核実験を近く実施する。

以後、便宜的に「過去に起きた、あるいはいま起きているが観察できないことの仮説」を「現在仮説」、「未来に起こるかもしれないことの仮説」を「未来仮説」と呼びます。

アナロジー思考を活用する

アナロジー思考は類比思考、あるいは類推思考ともいいます。これは前例、類似しているほかの業界や商品などから学ぶ、あるいは真似ることです。

アナロジー思考は仮説を立てる上で効果的です。(※) また第4章で言及した情報の検索でも有効です。

アナロジー思考には縦の思考、すなわち歴史的類推法があります。これは、過去に起こった歴史的事象に基づいて未来を予測する方法です。

ハーバード大学のグレアム・アリソン教授は著書『米中戦争前夜』の中で「トゥキディデスの罠(※※)」について述べています。

アリソン教授はアナロジー思考により大国スパルタを現在の米国、新興するアテネを現在の中国に見立てて「米中はトゥキディデスの罠を免れることができるか?」をテーマに米中関係および国際社会の未来図を描いています。

アナロジー思考には横の思考もあります。これは現在起きているほかの類似した事物や状態に着目することで未知のことを類推する手法です。

この時、すでに生起している先行事象を探すことが重要です。たとえば地方では少子高齢化は進んでいますが、そこでは空家の増加、交通機関の廃止、市町村の合併、その一方で移動販売車の進出などが起きています。つまり、これらの現象が、やがて急速に少子高齢化を迎える都市部の近未図でもあります。

（※）19世紀のアメリカを代表する哲学者・心理学者で、夏目漱石や西田幾多郎にも影響を与えたといわれているウィリアム・ジェームズは「才能の最良の指標はアナロジーに気づく能力である」という言葉を残している。（細谷功『アナロジー思考――「構造」と「関係性」を見抜く』）

（※※）トゥキディデスは古代ギリシャのペロポネソス戦争を描いた『ペロポネソス戦争史』を遺した歴史家。覇権国家スパルタに挑戦した新興国アテネの「脅威」が、スパルタをペロポネソス戦争に踏み切らせたことにアリソン教授は着目し、覇権を争う国家どうしは戦争を免れることが難しいとして、それを「トゥキディデスの罠」と名づけた。

ブレーンストーミングを活用する

個人で仮説を立てようとすると認知上のバイアスに陥る可能性があります。それを防止する手法として、すでに説明したグループ討議によるブレーンストーミング（139頁参照）があります。

これは以下の手順を踏みます。

①グループを結成する

進行役を含めて6人から8人程度のグループを結成する。進行役は中立（特定の方向に分析を誘導しない）を保ち、参加者はさまざまな異なるジャンルから参集することが望ましい。

②討議の目的およびルールを明確にする

ある特定の質問を設定して、討議の目的を明確にする。「特定人物のみの過度な発言は禁止」「各人が提出した仮説に対する誹謗中傷は禁止」などのルールを明示する。

③仮説を案出する

進行役は参加者に時間を与え、付箋紙一枚につき一つの仮説を記入させる。仮説の数は最大五つ程度に制限する。

個々の参加者はＭＥＣＥフレームワーク（１４４頁参照）などを利用して仮説を立て、付箋紙に仮説を記入する。

④仮説を回収する

進行役は仮説が書かれた付箋紙を回収し、ホワイトボードに貼付する。

⑤仮説を再案出する

参加者はホワイトボード上の付箋紙を見て、さらに新たな仮説を付箋紙に記入する。

⑥仮説を集約する

進行役と参加者が協力して、重複している仮説は削除し、似た仮説をまとめる。必要があれば討議ないし投票によって仮説の数を削減する。(※)

（※）⑥の「仮説の集約」ではマインドマップがよく活用される。マインドマップはトニー・ブザンが提唱した思考・発想法の一つであり、頭の中で考えているアイデアとその関連性を視覚的に表したものである。マインドマップの描き方は、表現したい概念となるキーワードを中央に置き、そこから放射状にアイデアを広げ、アイデアを文字や図でつなげていく。このときアイデアは端的な単語で表示する。この方法はグループ討議によって提出された多数のアイデアを整理・集約するのに適しているが、個人で仮説を体系的に立案し、集約するために利用できる。

2 仮説を立証し検証する

仮説を証拠で立証する

仮説を立てたら、次は立証です。立証には証拠が必要です。情報分析の証拠とは、仮説を立証する際に用いられる情報のことです。

証拠を取り扱う上で、以下のことを考慮します。

- 完全な証拠は絶対に得られない。
- 証拠は矛盾するものであり、複数の仮説を支持する（一つの証拠が仮説Aも仮説Bも支持）。
- 証拠は確実性や信頼性の異なる情報源からもたらされる。
- 証拠はしばしば曖昧で不正確である。
- いくつかの証拠は、ある結論を支持し、ほかの証拠は違った結論を支持する。

立証は、情報の妥当性や信頼性に配慮して、情報を体系的に組み立て、その情報と関連のある既得の情報やインテリジェンスと照合しながら、その事実の内的・外的関連を明らかにしていきます。証拠が仮説に対して、妥当であり、信頼でき、重要であることを証明することです。

だから立証とは証拠と仮説を連接する「論理的思考の鎖」と呼ばれています。たとえば2017年3月から4月にかけて、北朝鮮による核実験の実施の有無が取り沙汰されました。このとき「4月中に第7回目の核実験に踏み切る可能性が高い」とする仮説を立てたとします。その場合、以下のように証拠を立てて立証することになります。

- 北朝鮮当局は「米軍のシリア攻撃と、空母からなる戦闘艦艇群のアジア北部海域への派遣は核開発の重要性を浮き彫りにした」と強調した。
- 2週間前に、核実験の入り口付近でのより多くの機械が搬入され、活動する人員も増えたが、現在は車両や軍隊、労働者は撤退し、整然としている。
- 北朝鮮は4月15日、金日成国家主席の生誕一〇五周年を迎える。4月15日は過去に核実験や力の誇示に使われた経緯がある。

さらに過去の事例から、核実験の事前兆候には、政府による実施予告や友好国などへの通報、観測用の装置やケーブルの設置、国外電話の不通、坑道の拡張工事などがあります。おそらく仮説の立証のためにこのような証拠集めが行なわれた可能性があります。

仮説を因果関係で検証する

仮説を立てたら、次に「複数の仮説の中で、どの仮説の蓋然性が高いか?」を明らかにします。これを「仮説の検証」あるいは「仮説の評価」と呼びます。

仮説の検証では「因果関係」という概念が重要となります。

たとえば「Xが殺害された」という事象と、「YはXに恨みを持っていた」という関係は、原因と結果という因果関係の可能性があります。

つまり「Xを殺害したのは誰か?」という質問に対して、「Yが殺害した」という仮説を立て、それを立証する証拠の一つとしてYの殺害動機を挙げて因果関係を立証します。

一般的に「Aという原因があればBという結果が生じる」ことを「AとBは因果関係にある」といいます。これには「Aが増加すればBも増加する」という正の因果関係と「Aが増加すればBは減少する」といった負の因果関係があります。

一方、因果関係とはいえないものの、「AとBにはなんらかの関係がある」ことを「AとBは相関関係にある」といいます。

相関関係と因果関係はしばしば混用されます。交通事故の数が増えれば交通事故死者の数は増えるので、両者が因果関係にあることはほぼ間違いありません。しかし、実際には因果関係と思っていたことが、単なる相関関係にすぎないことがしばしばあります。

肺がん患者に喫煙率が高いことは統計上ほぼ間違いがありません。つまり、両者は相関関係にあります。しかし、肺がん患者の増加は喫煙だけが原因とは限りません。ここに、喫煙と肺がんの因果関係の立証が困難な点があります。

国際情勢の分析では、因果関係の立証がとても重要です。因果関係が立証されれば、未来予測の手助けとなります。

相関関係から因果関係を立証する手法は以下のとおりです。

①相関関係にありそうな事象をアトランダムに列挙する。
②列挙した事象から、原因が先で結果が後であるという時系列的な関係がある事象に着目する。
③その関係に別の原因が存在していないことを証明する。

この際、AとBの二つの相関関係がある事象において、①AがBを引き起こした、②BがAを引き起こした、③CがAとBを引き起こした、④AとBとの関係は単なる偶然である、の四つの関係を考察します。

この際、疑似相関にはとくに注意が必要です。たとえば、アイスクリームの売上げと、クーラーの売上げは連動しています。しかし、これは夏の暑さという別の要因が関係しています。真の因果関係を見つけ出せない要因の一つに、想像力の欠如や思い込みがあります。因果関係は意外なところにあるものです。

1990年代初頭の米国の事例を挙げましょう。当時の米国は過去10年間、犯罪が増える一方でした。専門家は、今後さらに状況は悪くなると予測しました。しかし、実際には犯罪が増え続けるどころか逆に減りはじめました。未来予測を誤ったのです。

「なぜ犯罪率は減ったのか？」という質問に対して、「割れ窓理論(※)」にもとづく警察力の増強や厳罰化、銃規制、好景気による犯罪の減少などの仮説が立てられました。

しかし、そのような対策をしていない地域でも犯罪は減ったのです。そこで調査したところ、予想もしなかった因果関係が明らかになりました。それは「中絶の合法化」でした。

この因果関係を簡略化して示すと次のとおりです。

貧しい家庭→未婚の女性の妊娠・出産が増加→貧困による子育て放棄・虐待→教育放棄→未成年者が犯罪予備軍→犯罪の増加でした。

当時の米国では長らく妊娠中絶は違法でした。しかし、1973年の最高裁判決で、人工妊娠中絶の禁止を違憲として、女性が自ら選択する権利が認められました。貧しい家庭の女性が望まない妊娠をした場合、中絶することが可能となったのです。その結果90年代に若者の犯罪予備軍が減り、結果として、犯罪率が減りはじめたのです。

（※）割れた窓を放置すると、ほかの窓も割られやすくなるという考えで、落書きなどの軽犯罪の取り締まりを徹底すれば重大な犯罪も起こりにくくなるという理論。

3　前提や仮説を見直す

リンチピン分析で前提を見直す

これまで述べてきたように情報分析には、「有力な仮説を立てられない」「思い込みで仮説を立てる」さらには著名な地質学者のT・C・チェンバレンが指摘するように「仮説を立てると、これに愛着を覚えてしまう」など、さまざまな弊害があります。

こうした弊害を除去するために「リンチピン分析」「重要な前提の見直し（KAC）」「反対の主張」「仮説の検証」「チームA／チームB」「レッドチーム」「代案分析」「もしならば分析」「競合仮説分析（ACH）」などの手法があります。

まず「リンチピン分析[※]」について紹介しましょう。

当然の前提と思っていたものが、実は複数の仮説の集合体にすぎなかったという場合があります。

一例を挙げましょう。北朝鮮の現政権は核兵器を保有することの権利を主張し、２０１６年１月から複数回の核兵器と核を搭載するための弾道ミサイルの開発実験を行ないました。

このため、マスコミに登場する専門家の多くは、２０１６年から１７年末まで「北朝鮮の指導者である金正恩は非核化に応じない」を前提にして米国の対北朝鮮政策に関する仮説を立案する傾向がみられました。この前提こそがリンチピンでありました。

だから、米国が取り得る選択肢としては、①国連の枠組みでの制裁決議の継続、②北朝鮮の核・ミサイル基地に対するピンポイント攻撃、③金正恩に対する斬首作戦などが取り上げられ、それらはマスコミでも報じられました。

ところが「金正恩は非核化に応じない」という前提は正しかったのでしょうか？　現在は多くの人がこれは前提ではなく仮説にすぎなかったと理解しているでしょう。

「金正恩は非核化に応じない」という前提が崩された瞬間に、この前提は「仮説１　北朝鮮は非核化に応じる」と「仮説２　北朝鮮は非核化に応じない」に分かれ、「国連を中心とした経済制裁の継続」は仮説２の中の小仮説になってしまったのです。

リンチピン分析は、国際情勢の分析だけではなく、直面している問題解決や自分の将来を予想する際にも活用できます。当然の前提と認識している事項を疑ってかかることが大切です。退職後の年金受給を前提として未来設計を考えていたが、突然に年金受給が停止される、そのような可能性を考えなければならないということです。

「語学は幼少期から学ばなければならない」というのも当然の前提になりつつありますが、これに対する異論も出てきています。こうした前提にしばられることで発想が貧弱になります。前提を壊すことで新たなアイデアを生み出す試みがビジネスの世界では注目されています。

（※）リンチピンとは荷車などの車輪が外れないように、車輪の両端に打ち込む楔（くさび）のこと。インテリジェンスの分野では「ここが変わると、分析全体が変わってしまう」という、分析の基礎をなす重要な要素を指す。1990年のイラクのクウェート侵攻において、米国は「サダム・フセインはイランとの戦いで衰弱しているので、軍事力を回復するには2年は必要だろう。だから近い将来、イラクはクウェートには侵攻しない」という前提に立って、さまざまな分析を進めた。しかしそれは大きな間違いであった。侵攻を予測できなかった反省からCIA分析部長のダグラス・マキーチンが提唱したのが「リンチピン分析」である。

「重要な前提の見直し（KAC）」を使う

重要な前提を疑うために、欧米では「KAC」（Key Assumptions Check：重要な前提の見直し）という手法が確立されています。

米CIAによれば「KAC」は以下の手順で行なわれます。

①現在行なっている分析の方向性を見直すために、この方向性の裏付けとなっている（関連性がある）すべての前提を列挙する。

②明示されたもの、黙示のものを含めて、すべての前提の妥当性を検証する。

③各前提について、「なぜそれは正しいか?」「あらゆる状況下で妥当であるか?」を検証（立証）する。

④正しいと検証された前提であっても、どのような状況が生起し、あるいはどんな情報が新たに得られたら見直さなければならないかを考察する。

ＫＡＣで前提の妥当性を判断する際に、マトリクス（１７１頁参照）を活用すると効果的です。その場合、分析の方向性に関連があるかないか（関連性）、前提が正しいかどうか（立証）の二つの視点で検証します。

【関連性】

- この前提は分析の方向性にほとんど関連性がない。（0点）
- この前提が誤っていれば、分析の方向性は大きく変わってくる。（1点）
- この前提がなければ、この分析は誤っている。（2点）

【立証】

- 前提は立証されていない。その前提には大いに疑問がある。（0点）
- 前提はおおむね正しい。（1点）
- 前提は間違いない。（2点）

	前　提	関連性	立　証
①	Aは犯行時刻にその現場にいた。	2	0
②	AとBは知り合いである。	1	2
③	Aは最近お金を人から借りていた。	0	1
④	Aは女性である。	0	2
⑤	AはBを恨んでいた。	1	0
⑥	AはBを刺殺する力がある。	2	1
⑦	室内から見つかった殺害に使用されたナイフをAは金物屋から購入した。	1	2

マトリクスを用いた関連性と立証の検証

たとえば、Bが自室内で何者かに一撃で刺殺されるという事件が発生したとします。その容疑者としてAが浮上しました。

Aが容疑者として立件できる前提として、

①Aは犯行時刻にその現場にいた。
②AとBは知り合いである。
③Aは最近お金を人から借りていた。
④Aは女性である。
⑤AはBを恨んでいた。
⑥AはBを刺殺する力がある。
⑦室内から見つかった殺害に使用されたナイフをAは金物屋から購入した。

これをマトリクスにまとめて、前述の基準で点数をつけて、その関連性と立証の程度を評価します。

そして関連性が高いが、立証できていないことを重点的に検証します。すなわち①、次いで⑤と⑥の検証が事件解明の重要な鍵となります。他方、③と④は関連性がないので無視してよいことになります。

競合仮説分析（ACH）

仮説を立てたり、仮説を検証したりする上でさまざまなバイアスを排除する最も体系的な手法がACH（Analysis of Competing Hypotheses：競合仮説分析）です。

ACHは1960年代に米国に亡命したKGBの二重スパイであるユーリ・ノセンコの「二重スパイ論争」を教訓に、CIA分析官のリチャード・ホイヤーが認知心理学を応用して提唱した手法です。

ACHは、9・11同時多発テロとイラク戦争における「インテリジェンスの失敗」以降に注目を集めています。

この手法は仮説と証拠を洗い出し、仮説と証拠の関連性（整合性）を評価するものです。それぞれの仮説を「整合する証拠」（仮説を裏付ける証拠）で立証するよりも、むしろ「不整合の証拠」（仮説を否定する証拠）が多い仮説を削除するという考え方です。

ACHは一人でもできますが、6〜8人のグループで行なうことで効果を発揮します。仮説は5個以下、証拠は10から20個が適当です。

ACHは、有力な情報がある場合に有効な手法で、主に現状分析に用いられます。ただし未来予測に使用できないわけではありません。

	仮説1	仮説2	仮説3	仮説4
証拠1	I	I	I	C
証拠2	I	C	CC	I
~~証拠3~~	~~I~~	~~I~~	~~I~~	~~I~~
証拠4	I	C	N	C
証拠5	C	II	I	I
~~証拠6~~	~~C~~	~~C~~	~~C~~	~~C~~
証拠7	N	I	C	C
証拠8	C	I	C	I

	仮説1	仮説2	仮説3	仮説4
証拠1	I	I	I	C
証拠2	I	C	CC	I
証拠4	I	C	N	C
証拠5	C	II	I	I
証拠7	N	I	C	C
証拠8	C	I	C	I
I(不整合)の数	3	5	2	3

C（整合）、I（不整合）、N（中立）

競合仮説分析（ACH）

この手法は、「仮説を列挙する」「証拠リストを作成する」「仮説の判定に影響する証拠を評価する」など、八つのステップを順に踏んで実施されますが（『戦略的インテリジェンス入門』）、ここでは、その要点のみを説明します。

縦軸に仮説、横軸に証拠を入れたマトリクスを作成します。証拠と仮説との整合性を評価し、「仮説と証拠が整合する」場合はC（Consistent：整合）、「仮説と証拠が不整合」（証拠が真ならば、仮説が偽になる）場合はI（Inconsistent：不整合）、「いずれともいえない」場合にはN（Neutral：中立）と判定して、それぞれの判定結果をマトリクスに記入していきます。この際、非常に強く整合するものには「CC」を、整合性が非常に弱いものには「II」を記入します。

これが上図の左側です。この際、二つの仮説を一つに統合したり、別の仮説を付加したり、証拠も必要であれば追加したりします。

ここで左側の図では、すべての仮説に整合または不整合であった（証拠3と証拠6）は、仮説の判定に影響しないので削除して、右側の精査したマトリクスへと修正します。

精査したマトリクスにもとづいて、不整合の合計数（Iを1、IIを2と計算）が最も少ないものが「最も有力な仮説」、すなわち「暫定的な結論」となります。逆に不整合の数が最も多いものが「最もありそうでない仮説」となります（ここでは仮説3が「暫定的な結論」）。

その後、最も有力な証拠を再検討したり、結論を報告したり、「暫定的な結論」どおりに状況が進んでいるか、それとも異なる方向に進んでいるかを見定めるための指標を提示したりする過程がありますが、それについては省略します。

競合仮説分析を実践する

架空のテロ事件をもとにＡＣＨの活用法を紹介しましょう。

【事件の概要】

- 20××年7月22日午後3時半頃、X国の首都の中心部にある17階建ての政府庁舎で爆破事件が発生し、複数人が事件に巻き込まれた（その後の捜査で死者は10人と判明）。
- 同日午後5時頃、首都近郊（首都から約30キロ）のY島で銃乱射事件が発生し、多数が殺害された（その後の捜査で死者は70人）。

●このほか当日の同時刻頃、爆破現場近くの石油・エネルギー省の庁舎で火災が発生した。

【爆発事件の補足】

●爆発現場のビルの最上階には首相府があった。しかし当日、首相は出勤していなかった。

●爆発現場は王宮や主要新聞社の近くでもあった。

●爆発が起こったのは金曜日の午後で買い物客や観光客も多い時間帯だった。

●自動車に積んだ爆弾が使用されたとみられ、爆薬はかなりの量と推定される。

●事件前にX国検察当局が、閣僚経験者の暗殺計画を立てたとしてイスラム組織関連者を在宅起訴した。

【銃撃事件の補足】

●事件直後にイスラム過激派のウェブサイトに事件への関与をほのめかすメッセージが公開された。

●当日、Y島ではX国労働党青年部の集会が行なわれ、10代の青年約700人が参加していた。

●翌23日には同党党首であり、かつて同青年部の代表を務めたこともあるZ首相が現地入りすることが予定されていた。

●容疑者が現行犯で逮捕されたが、犯人は複数人いるとの目撃情報もあった。

【X国の環境情勢】

①政治・外交

●国王を元首とする立憲君主制であり、保守党、労働党、進歩党という三つの大きな政党のほか、自由党、キリスト教民主党がある。三つの政党はいずれも単独で政権をとる力はなく、連立政権が政権運営の鍵となっている。
●20××年現在のZ首相（52歳、男性）は労働党の党首であり、移民受け入れを推進している。
●他方、移民政策の見直しを訴える野党の進歩党が野党第一党となるなど、保守主義が次第に浸透している。

②**経済**
●GDPは世界第24位であるものの、一人あたり換算では第2位で、経済的には豊かな国といえる。
●EUには加盟していないが、EUとの協力関係は緊密かつ広範囲に及ぶ。
●電力や石油、ガス、金融など基幹産業の株主に政府が名を連ね、混合経済の色彩が強い。
●1960年代に海底油田が開発されて以降、資源国の一つとなっているが、石油に依存しない産業の育成を課題としている。
●世界金融危機の影響を受けたが、各種対策により景気回復に転じ、EU諸国に比べて堅調に推移している。

③**社会**
●日本とほぼ同じ面積で人口は約500万人。X語の単一言語の国家である。

●宗教はキリスト教プロテスタント派が多数派で、80パーセント近くを占めている。キリスト教以外の宗教は3パーセント以内で、そのうち80・1パーセントがイスラム教である。
●治安状況は一般的に良好で、X国において大きなテロ事件は発生していない。
●国内における反政府組織の存在、海外テロ組織の流入は確認されていない。
●「マルチカルチャー（多文化）」という言葉が浸透し、異文化に寛容な国民が多いとされ、国民の約1割は、中東やアジアからの移民である。
●イスラム系住人の犯罪が最近多発しており、また国民の約3割が「移民は社会福祉制度を悪用している」と感じているといわれている。
●X国では余暇として狩猟や射撃が盛んで銃を所持することは認められている。
●第二次世界大戦後、社会福祉に注力した結果、福祉国家となっている。

④**軍事**

●陸海空の正規軍は約2万人。予備役が4万5000人。徴兵制を採用している。
●第二次世界大戦後、北大西洋条約機構（NATO）に加入し、現在は国外派遣中心の組織変更を進めている。正規軍の活動の主体は国外派遣。
●アフガニスタンにおけるNATOの軍事活動に参加し、アルカイダにより攻撃対象とされていた。
●2011年2月に始まったリビア内戦にX国軍は国連安保理決議にもとづき軍事介入している。

【20XX年の国際情勢】

- 2010年以降、発生した民主化運動がアラブ諸国に拡大している。
- 米国が国際テロ組織の指導者をパキスタンで殺害したことを発表したことから、その他の地域でも報復テロ攻撃の可能性が懸念されている。
- イラク、パキスタン、ロシアなどで自爆テロが発生している。

以上の情報をもとにACHを適用して、「テロ実行はどんな人物によるもので、どのような事件か？」という質問を設定して考察します。

この際、爆発事件と銃撃事件は一連の事件であると想定します。

次頁の表ではI（不整合）が2個と最も少ない仮説1を「暫定的な結論」として提示することになります。最も「ありそうではない仮説」は、Iが5個の仮説2と仮説4ということになります。

競合仮説分析（ACH）の趣旨は「不整合の証拠」が多い仮説を削除していくという考え方ですので、仮説2と仮説4を削除して、仮説1と仮説3に焦点が絞られます。

ただし、競合仮説分析のやり方も一つではなく、CCを2点、Cを1点、Nを0点、Iをマイナス1点、IIをマイナス2点として、仮説の順位を決める方法もあります。

仮説1を「暫定的な結論」とした場合、これを支えている「最も有力な証拠」を再検討します。こ

	仮説１	仮説2	仮説3	仮説4
I（不整合）の数	2	5	3	5
事件関連性	C	I	C	I
車に積んだ爆弾使用	C	C	C	I
~~銃使用~~	~~C~~	~~C~~	~~C~~	~~C~~
金曜日発生	C	C	N	N
犯行声明	CC	I	I	I
イスラム組織関連者逮捕	C	C	I	I
首相を狙った	N	N	CC	N
犯人複数説	C	I	C	I
軍の国外派遣	CC	C	C	N
移民政策容認	I	I	C	N
国外テロ発生	CC	C	N	N
排外主義高揚	C	C	C	N
テロ組織なし	I	N	N	N
経済安定	N	I	I	N

C（整合）、I（不整合）、N（中立）

仮説１：イスラム過激派グループによるテロ
仮説２：イスラム主義に傾斜した個人による自爆テロ
仮説３：移民政策などに反対する反政府主義グループによる首相暗殺
仮説４：愉快犯による無差別犯罪

競合仮説分析（ACH）の活用例

の表では「犯行声明」「軍の国外派遣」「国外テロの発生」がそれにあたります。すべての仮説で「整合」であった「銃使用」は除外します。

犯行声明は「報道ベースであり、信頼性に疑問がある」「イスラム過激派によるテロ事件は国外で発生しているが、国内に波及したことはない」などの視点から再検討していきます。この時、「イスラム過激派が犯行声明をネット上で掲載していたが、その後消された」などの新たな情報があれば、それを考慮します。

この再検討によっては、仮説2と仮説4が復活することもあります。

この架空のテロ事件は、2011年7月22日に発生したノルウェー連続テロ事件（97頁参照）を参考に作成したものです。

本事件では、「利用可能バイアス」（97頁参照）から、当初犯人をイスラム過激派グループの仕業と推量していましたが、実際は極右思想を持つキリスト教原理主義者による単独犯行でした。

こうした一部の利用可能な情報に依存した思い込みや、最初に立てた仮説にとって都合のよい情報ばかり集める「確証バイアス」を打破するために、競合仮説分析（ACH）は優れた手法といえます。

ACHは、蓋然性の高いものを重視して分析を行ないますが、蓋然性の低いものを無視するわけではありません。影響度の大きいものは別途言及する必要があります。これが「影響大／蓋然性小分析」の考え方です。（38頁参照）

ACHにおける証拠と仮説の整合性の評価は主観的にならざるをえませんが、グループ討議を採り入れれば、客観性は向上します。

往々にしてベテランであればあるほど自らの経験にもとづき最初から「仮説4」はありえないとい

った発想になりがちですが、やみくもに結論を出すのは単なる〝直感〟であり、もはや分析とはいえません。

ＡＣＨの手法は、結論（最も有力な仮説）出すことに主眼があるのではありません。マトリクスを作成して証拠と仮説の整合性を丁寧かつ複眼的に検証するなかで、思い込みやバイアスを排除し、新たな分析視点を得ることが真の目的です。

４ 未来を予測する

「四つの仮説立案」を使う

未来仮説を立てる際に有力な手法の一つに「四つの仮説立案（ＱＤＡ）」（Quadrant Hypotheses Generation）があります。

この分析手法は、未来に起こり得る事象に影響を及ぼす二つの重要な影響要因（ドライビング・フォース）(※)にもとづき、四つの異なる仮説を立てるものです。

この手法は、国際情勢の短期的な未来を予測する際にしばしば用いられますが、後述する「シナリオ・プランニング」において、異なる四つのシナリオを列挙する際にも使用されます。

地球温暖化に関する科学的調査を実施するＩＰＣＣ（地球気候変動に関する政府間パネル）の『排

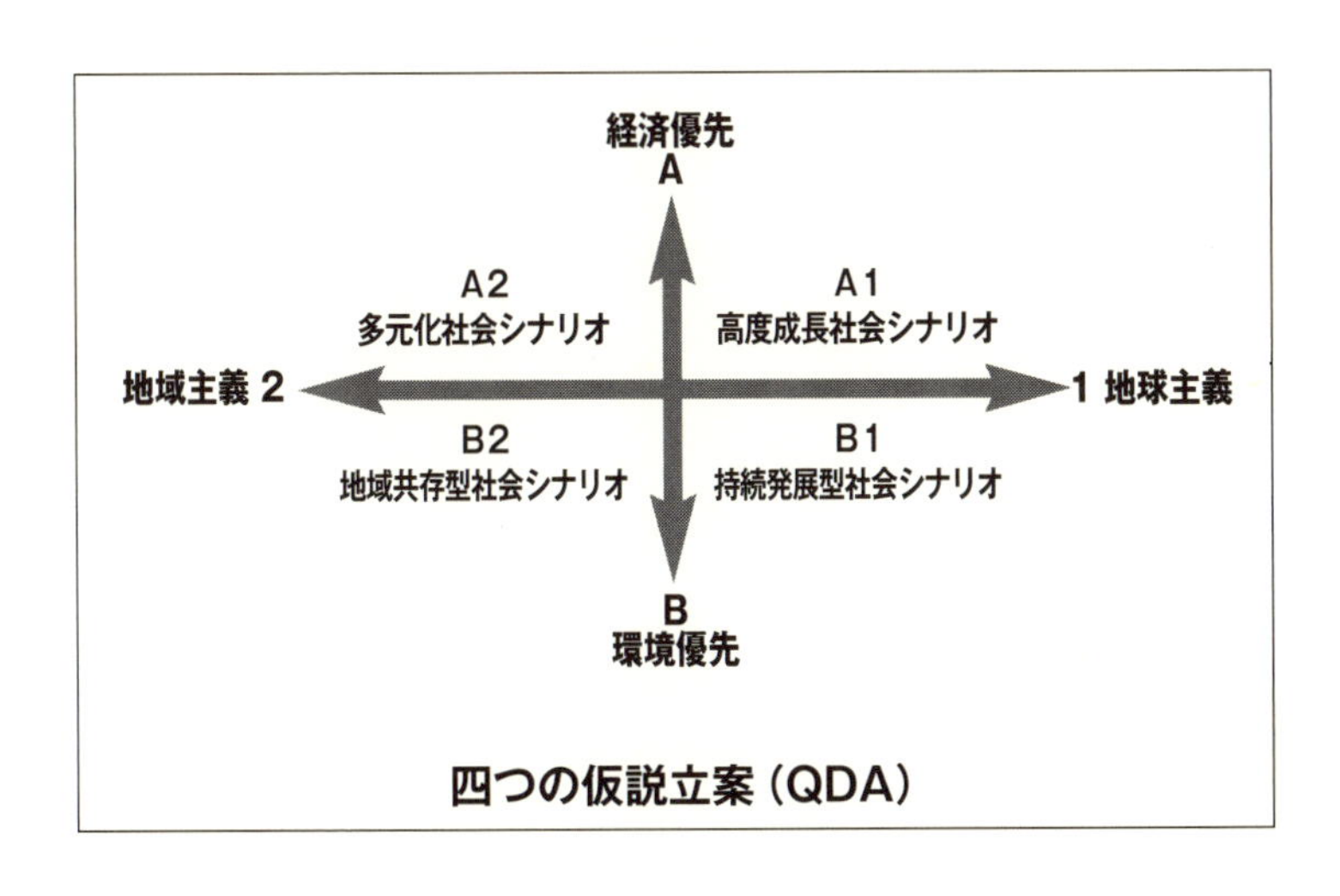

四つの仮説立案（QDA）

出シナリオによる特別報告（ＳＲＥＳ）』（２００８年２月）をもとに上の表を作成しました。

ここでは地球温暖化によって四つの未来シナリオが提示されています。大きく経済を優先する「Ａ」と環境を優先する「Ｂ」の軸、地球主義を指向する「１」とローカル（地域主義）を重視する「２」の軸に分けて、四つの未来社会の方向を示しています。

このうち最も温暖化が進むのが「Ａ２：多元化社会シナリオ」で、逆に温暖化を押さえることができるのが「Ｂ２：地域共存型社会シナリオ」だと指摘しています。

この図の作成順序は次のとおりです。

①事象の方向性を規定する重要なドライビング・フォース（経済優先・環境優先、地球主義・地域主義）を特定する。

②横軸、縦軸の両極端にドライビング・フォースを記述する。

③二つのドライビング・フォースにより規定される四つの仮説を記述する。

本手法の最も難しい点は、二つのドライビング・フォースの案出です。その案出のためにはグループ討議が適しています。

平面を直交する二直線で区切ってできる四つの部分を象限（しょうげん）といいます。

二つのドライビング・フォースは相関関係にならないようにします。たとえば縦軸でブランド（高級・大衆的）、横軸で価格（高い・低い）を挙げても意味がありません。高級品は値段も高いのが当たり前でブランドと価格は相関関係にあるからです。

付録「情報分析の実習」でQDAを用いた未来仮説の立案を取り上げましたので参照ください。（244頁参照）

（※）ドライビング・フォースとは、未来の出来事を起こさせる、あるいは過去から現在に向かって進んできた推進力に変化を及ぼす重要な影響要因のこと。ドライビング・フォースを単に「ドライバー」と呼称することもあるが、本書では質問を解く鍵のことをドライバーと説明してきたので、混同しないように、未来に変化をもたらす影響要因はドライビング・フォースと呼称する。

SWOT分析を用いる

ビジネスでよく活用されるSWOT分析は前述のQDAの派生形です。これは、自らを取り巻く環

		外部環境	
		O（機会）	T（脅威）
内部環境	S （強み）	①S-O 強みを活かす戦略	②S-T 縮小する戦略
	W （弱み）	③W-O 弱みを克服する戦略	④W-T 撤退する戦略

SWOT分析

境が有利なのか、不利なのかを分析した上で、自社の戦略・戦術を立てる分析手法です。

ＳＷＯＴのＳは「強み（Strength）」、Ｗは「弱み（Weakness）」、Ｏは「機会（Opportunity）」、Ｔは「脅威（Threat）」です。自社の内部環境（ヒト・モノ・カネ・情報）の強みと弱みを、外部環境（政治・経済・社会・技術）の要素で分析し、機会と脅威を明らかにします。

自社の戦略・戦術を立てる目的以外にも、ライバル会社の意図や行動の分析にも応用できます。すなわち戦略を立てるツールだけでなく、その前提であるインテリジェンスを作成するツールとしても活用できるということです。

戦略立案に用いられるＳＷＯＴ分析は自社の立場で分析しますが、情報分析では相手の立場に立って「ミラー・イメージング」（１０６頁参照）を排除して分析します。つまり相手の立場から四つの未来仮説を立案・分析することになります。

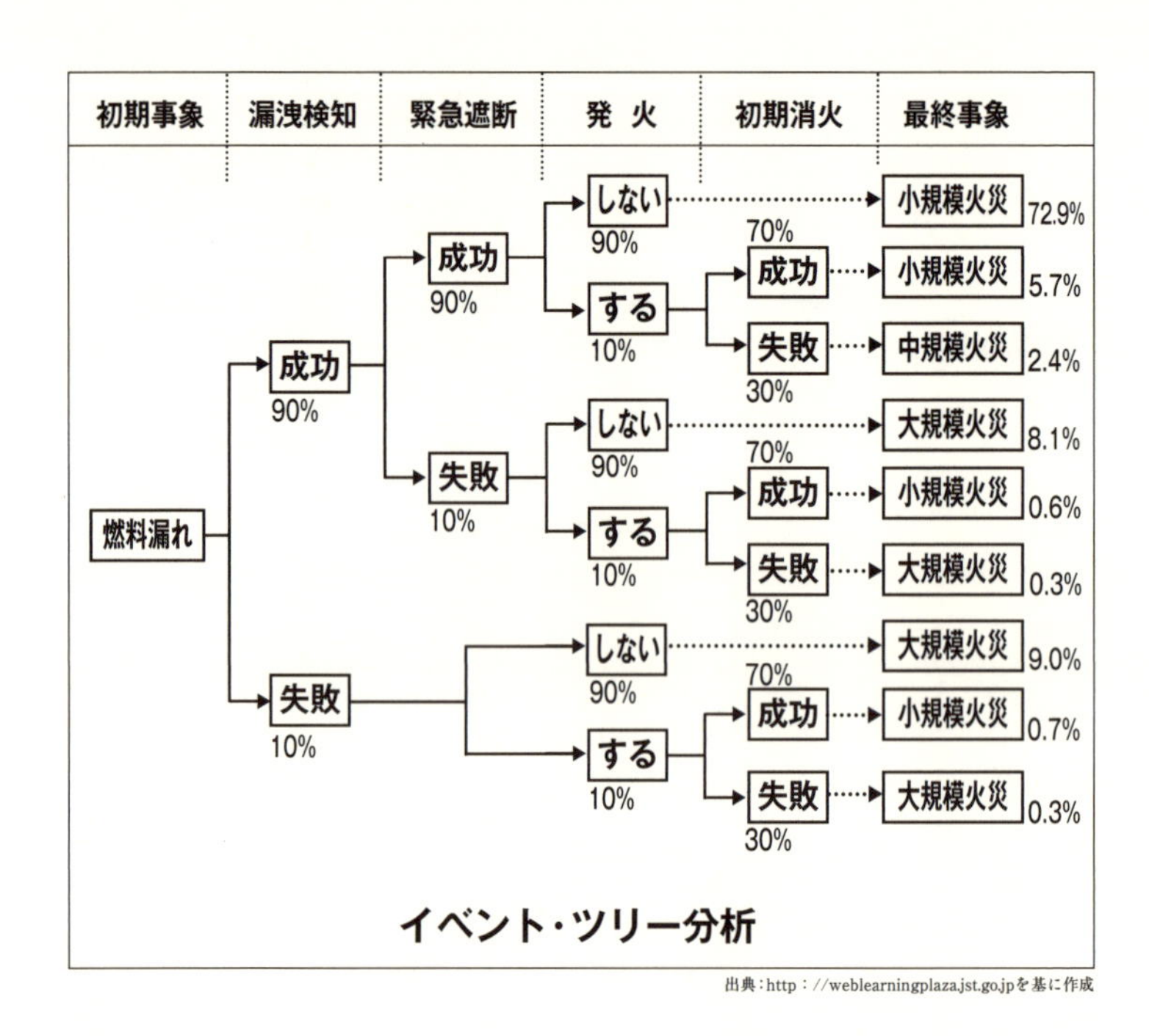

イベント・ツリー分析

出典：http：//weblearningplaza.jst.go.jpを基に作成

イベント・ツリー分析を用いる

イベント・ツリー（樹形図）は、危機管理や原子力災害対処の分野で活用されている有力な分析手法です。

上図のイベント・ツリー分析は、爆発や火災などの最終事象を途中で阻止する条件を明らかにすることを目的としています。

まず、爆発などの最終事象の原因と思われる初期事象を想定し、それを左端に置き、時系列に事象の発展と対策を考えていき、その対策が成功した場合と失敗した場合に分岐させて、イベント・ツリーを作成していきます。

樹形図が完成したら、連なる各事象の確率を積算して発生確率を求め、最後に

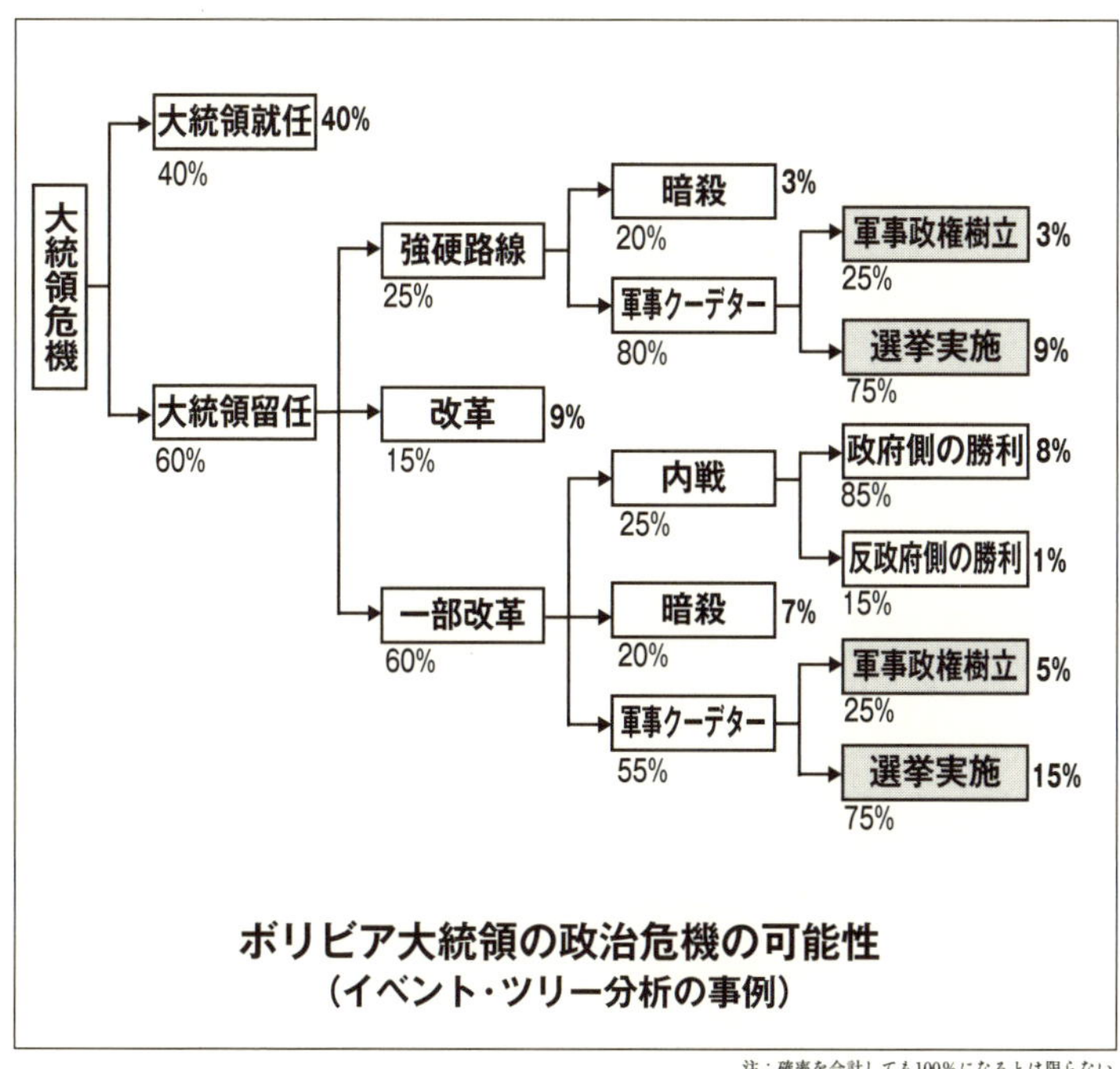

ボリビア大統領の政治危機の可能性
（イベント・ツリー分析の事例）

注：確率を合計しても100%になるとは限らない
出典：ANALYTIC METHODOLOGIES "A Tradecraft Primer: Basic Structured Analytic Techniques" (1st Edition Mar 2008)から抜粋

対策を検討します。

　この手法は、安全保障の分野でも用いられます。

『DIA（国防情報局）分析手法入門』では「ボリビアのロサーダ大統領の政治危機」という例題（上図）を提示しています。初期事象において、大統領の行動を「辞任」と「留任」という二者択一式のMECEにより分岐させ、留任した場合には、どのようなケースが軍事政権樹立に至るのか、あるいは選挙実施に至るのかを考察しています。

　そして、最後に確率を積算して発生確率を求めます。たとえば、この事例では選挙実施の確率は計24パーセント、軍事政権樹立の確率は計8パーセントとしています。

付録「情報分析の実習」で、イベント・ツリーによる近未来予測を取り上げていますので参照ください。（253頁参照）

「仮説の見直し（HR）」を使う

「仮説の見直し（HR）」（Hypothesis Review）は、意思決定者の立場で仮説を見直す方法です。ミラー・イメージングなどのバイアスを排除して、個々の仮説の理解を深めることを狙いとしています。

HRは以下の四つの段階を経て実施されます。

①仮説の利益（Benefit）および利点（Plus）を敵対者、または意思決定者の立場から見直し、それらを列挙する。

②選択肢を選ぶことでこうむるリスク（Risk）、不利点（Minus）を敵対者、または意思決定者の立場から見直し、それらを列挙する。

③それぞれのリスクと不利点をどうしたら低減できるか、敵対者または意志決定者の立場から考察する。もしくは予期しない反応がどのように起こるかについて論理的に考える。

④それぞれの仮説ごとに見直した結果を比較する。

仮説	利益／利点	リスク／不利益	リスクの低減
発射しない	●近隣諸国からの支援が得られる ●追加制裁措置が回避できる	●国内支持を失う ●技術的能力を誇示できない	●米国などを非難する国内宣伝を強化する ●リスクの低減なし
発射する	●技術的能力を誇示できる ●科学者・技術者に技術検証のための必要情報が得られる ●軍民の士気を高揚できる ●米国による軍事行動に対する安全保障が高まる	●発射失敗の可能性がある ●近隣諸国からの支援を失う ●国際社会の圧力が増大する ●追加制裁措置の可能性がある	●発射は成功したとの宣伝を展開する ●短射程で発射し関心を低減する ●短射程で発射し抗議を低減する ●短射程で発射し制裁要求を低減する

北朝鮮「テポドン２」発射の仮説見直し

『DIA分析手法入門』では、2006年の「テポドン2」の発射を事例として、上の表のように、「発射しない」「発射する」という二つの仮説についての見直しを紹介しています。ただし、これは実際に、発射前に行なわれたのではなく、HRを行なえばよかったという趣旨の事例紹介です。

当時、米情報コミュニティでは「北朝鮮が取りえる選択肢は何か？」が議論され、「北朝鮮の政権維持は近隣諸国に依存しているため、ミサイルを発射しない」と説く情報分析官がいました。

同書では、「この仮説は北朝鮮を大局的に分析していたが、HRを採り入れていたら、この情報分析官は北朝鮮が考えていたさまざまな選択肢に対する理解を高めることができたであろう」として記しています。

他国の指導者の意図を判断するには、彼らの価値観や前提条件、さらには彼らが犯す可能性のある誤認・誤解まで理解する必要があります。

彼らの行動が「非合理」「無益」に映ることはしばしばあります。これは情報分析者が他国の指導者が置かれている環境を、自らの価値観や思考で考える「ミラー・イメージング」による誤りです。自己中心的な思考や文化的背景を排除して、異なる集団に属する人物の見方で考察することが重要です。

HRは、政策決定者に正しい仮説を選択させることよりも、政策決定者がどのような過程を経て意思決定を行なうかを洞察・理解することを目的としています。

付録「情報分析の実習」で、HRを一歩進化させた敵の意図マトリクスによる未来仮説の評価について取り上げましたので参照ください。（２４９頁参照）

5 シナリオを作成する

シナリオ・プランニングの基本的な考え方

第1章で、不確実性を低減するために注目されているのが「シナリオ・プランニング」であると述べました。シナリオ・プランニングは、第二次世界大戦中に米軍の作戦演習から始まりました。その後、ランド社が民間領域に適用を始め、同社を辞めたハーマン・カーンが設立したハドソン研究所が、さらに大きく発展させせました。

石油メジャーのロイヤル・ダッチ・シェルはシナリオ・プランニングの手法を採り入れることで第一次と第二次石油ショックにおける石油価格の暴騰とその後の石油価格の暴落の可能性を察知しました。さらにゴルバチョフ登場以前にソ連の崩壊を予見して、これに対して非常に巧妙に対処しました。その結果、1970年に七大メジャーの最下位だったシェル石油は90年代には世界最大の石油会社になったのです。

多くの企業が戦略を策定する際に、事業環境の見通しを一つしか持たないのは危険です。その認識から生まれたのが、シナリオ・プランニグなのです。

その特徴や利点は次のように要約できます。

①未来を正確に予測することは不可能であるが、複数のシナリオを検討することで、これから選択しようとしている戦略のリスクを測ることができる。さらに注視すべき指標、採るべき対策も事前に想定できる。

②シナリオを作成することで、当然の前提と考えていた「思い込み（マインドセット）」を客観的に修正できる。

③シナリオが組織内で共有されることで、変革（イノベーション）の必要性が生まれ、学習が促進される。学習する組織を築くことで変化に対応できる。

組織を変革するには、実際に行動する人たちが変わらなければなりません。旧態依然のマインドセットが変化する時に組織は学習を開始します。

シナリオ・プランニングは、未来を予測することに力点を置くのではなく、参加者が共に複数のシナリオを考えることで、組織の学習を促し、不確実性に対処していくものです。

そして未来予測は未来を言い当てるのではなく、カスタマー（使用者）の「不確実性」を低減することなのです。

シナリオ作成の基本的な手順を理解する

シナリオの作成については、いくつかの手法を用います。「タイムライン」「イベント・ツリー」「四つの仮説立案（ＱＤＡ）」などです。シナリオの数は三つでも四つでも構いませんが、一般的には六つ以内です。ＱＤＡを使う場合は四つです。

シナリオ作成の手順は次のとおりですが、まず未来予測の基本軸（標準モデル）を作成し、それをベースに変化する要因を考慮して複数のシナリオを作成するものです。ここでは、シナリオを作成す

るための一つの手法を紹介します。（詳細は付録「情報分析の実習」で解説します。258頁参照）

①課題（問題）および対象期間（おおむね五年から一〇年）を設定する。

②「政治・経済・社会・軍事・技術」などのフレームワークを活用して、現状から未来に向けた発展方向（トレンド）を考察する。

③フレームワークにこだわらずに横断的に考察し、シナリオを構成するドライビング・フォース（影響要因）を列挙する。たとえば、グローバル化は政治、経済、社会に共通するドライビング・フォースとして浮かび上がる。

④重要なドライビング・フォースを特定する。

⑤重要なドライビング・フォースにもとづき前提を考察する。

⑥ドライビング・フォースと前提にもとづきベースラインシナリオ（標準モデル）を作成する。

⑦変化する蓋然性が最も高いドライビング・フォースを一つ選び、その前提を変えて、予想目標モデルを作成する。

⑧変化する蓋然性が最も低いドライビング・フォースを一つ選び、その前提を変えて予想外シナリオを作成する。

⑨各シナリオへの対策シナリオを検討する。

⑩各シナリオが発生する際の指標や兆候を整理する。

付録　情報分析の実習

「情報分析の実習」は、筆者が２０１８年４月に「麹町アカデミア」主催のビジネスパーソン向けの講座で行なった内容を一部修正して収録したものです。

その構成は、おおむね「課題」「指導案」「解説」の三本立てで、全部で九つの課題を収録しています。受講者になったつもりで、回答案を一緒に考えてみてください。実技講座の仮想体験を通じて、きっと新たな発見があると思います。

実習の実施要領

受講者には事前にテキストの配布と課題を付与し、それぞれが予習したのちに講座に参加してもらいました。講義ではグループ討議により策案を発表し、最後に筆者がコメントしました。

2018年4月「情報分析実技講座─北朝鮮問題を通して情報分析技法を修得する」（麹町アカデミア主催）で講師を務めた筆者。

受講者25人を四つのグループに分けて以下のとおり実施しました。

第1回実技講座

①質問を設定、再設定する。
②質問を分解する。
③ドライバーを案出する。

第2回実技講座

④情報（データ）を評価する。
⑤仮説・シナリオを立案する。
⑥仮説・シナリオを評価する。

第3回実技講座

⑦ドライバー（ドライビング・フォース）を選定する。
⑧シナリオを作成する。

なお、北朝鮮情勢をテーマとして取り扱った関係上、本講座以降に情勢は動いていますが、提示した指導案の内容については、原則修正していません。

課題1　質問を再設定する

【状況】

北朝鮮は核実験やミサイル実験を継続し、米国本土に到達する大陸間弾道ミサイル（ＩＣＢＭ）を開発しようとしている。これに対し米国は国連に働きかけ、制裁決議を促し、北朝鮮の計画を阻止しようとしている。

すでに米国は北朝鮮に対し、経済制裁をはじめとする対抗策をとっている。このまま米朝の合意が成立しない場合、朝鮮半島情勢はさらに緊張化するとみられる。

【課題】

この状況を踏まえて、「北朝鮮はＩＣＢＭの開発を継続するか？」を、以下の「中国問題の事例」を参考に質問を再設定しなさい。

（参考「中国問題の事例」）

当初の質問　中国はイランに弾道ミサイルを売っているか？

言い換え　イランは中国から弾道ミサイルを買っているか？

180度回転　中国はイランから弾道ミサイルを買っているか？

焦点の拡大　中国・イランの間に戦略的協調関係は存在するか？

焦点の集約　中国はイランにいかなる種類のミサイルを売っているか？

焦点の変換　イランが中国のミサイルを欲しがる理由は何か？　イランは購入したミサイルの支払いをどのように行なっているか？

理由の追求　中国はなぜイランにミサイルを売却するか？

——イランに影響力を及ぼしたいから

それはなぜか？

——中国は湾岸地域における米国の権益を脅かしたいから

それはなぜか？

——米国のアジア地域に集中する力を減殺したいから

それはなぜか？

——中国は台湾統一のためにアジアにおける行動の自由を狙っているから

最終的な質問⬅「中国は台湾正面への大戦略の一環として兵器を中東に拡散しているのだろうか？」

【指導案】

当初の質問　北朝鮮は経済制裁下でもＩＣＢＭの開発を継続するか？

言い換え　経済制裁は北朝鮮のＩＣＢＭ開発を阻止できないのか？

１８０度回転　北朝鮮はＩＣＢＭの開発を断念するか？

焦点の拡大　北朝鮮のＩＣＢＭ開発は朝鮮半島情勢にどのような緊張状態をもたらすか？

焦点の集約　北朝鮮のＩＣＢＭ開発はいかなる段階にあるか？

焦点の変換　北朝鮮がＩＣＢＭを開発する理由は何か？　金正恩はＩＣＢＭを開発して何をしようとしているのか？

理由の追求　北朝鮮はなぜＩＣＢＭを開発しているのか？

——米国に対する抑止力を得るため

なぜ抑止力を得る必要があるのか？

——米国からの攻撃が怖いから（米国は核保有を諦めたイラクを攻撃した）

なぜ核開発を諦めないのか？
――金正恩はＩＣＢＭを保有することが政権維持のための国内権威を高めると信じているから
それだけか？
――北朝鮮は在韓米軍撤退のための交渉材料とＩＣＢＭを保有したいから
なぜ在韓米軍の撤退を望むのか？
――北朝鮮は南北統一を諦めていないから

⬅ **最終的な質問「金正恩は南北統一という大戦略の一環としてＩＣＢＭを保有しようとしているのか？」**

【解説】

各グループの作案はおおむね適切でしたが、「言い換え」と「１８０度回転」の違いがよく理解できていませんでした。

前者は質問の内容は変わらない、後者は質問の内容まで変わるという違いがあります。

「焦点の拡大」「焦点の集約」「焦点の変換」ではいくつもの案が出てきます。想像力を発揮して、さまざまな角度から質問を再設定します。

「理由の追求」は「現実の質問」を再設定する上で有力な手法です。なぜなら「現実の質問」においては5W1Hのいくつかの要素はすでに明らかになっていますが、「なぜ?」は水面下に隠れている場合が多いからです。

逆に、まだ事象は生起していない「未来の質問」には「なぜ?」よりも、「どのように?」の方が重要になります。

質問の再設定によって新たな質問が最初の質問とはまったく別なものになったらどうすればよいのでしょうか?

心配は無用です。筆者はかつて西側情報機関のある熟練分析官から、「気にする必要はない。むしろ新たな分析の視点が得られたことに感謝すべきである」と教わったことがあります。

2013年、中国は東シナ海でADIZ(防空識別圏)を設定しました。2016年7月、中国の外務省(外交部)高官が「南シナ海のほぼ全域でADIZを設定する権利がある」と述べました。これを受けて、マスコミや一部の専門家は、その可能性を盛んに主張しました。

当時筆者は、ある政府組織に所属する情報分析官から「中国は南シナ海にもEEZ(排他的経済水域)を設定するか?」という質問を受けました。

これに対して、「その蓋然性は極めて低い」と答え、次のように助言しました。

「『なぜ中国は東シナ海にＥＥＺを設定したか？』という質問を設定すると、中国による尖閣諸島をめぐる対日牽制など、中国の意思にかかわる仮説ばかり出てくる。そこで『なぜ中国はこれまで東シナ海にＥＥＺを設定しなかったのか？』という質問に再設定すると、『中国はそれまで海空の防空態勢が整っていなかったから、東シナ海にＥＥＺを設定できなかった』といった仮説が出てくる。さらに『これまで設定できなかった中国が、ＥＥＺを設定したことの意味は何か？』という質問に再設定すると、日本に対する政治的意思の可能性もあるが、『軍事的な運用態勢がある程度整ったからだ』という仮説が出てくる。

これを南シナ海に類推すると『南シナ海において中国の軍事的な運用態勢は整っているか？』という質問が出てくる。筆者が見るかぎり、東シナ海と比べると南シナ海における中国の防空態勢は整っていない。だから『南シナ海におけるＥＥＺの設定の蓋然性は極めて低い』と判断する」

ただし、２０１６年以降、南シナ海において岩礁の埋め立てや対空火やレーダーの設置、航空機の展開などを急速に進めており、近い将来、ＥＥＺを設定する可能性は否定できません。

このように、質問を再設定することで思考の視野が広がる、あるいは焦点が定まります。

課題2 質問を細分化する

【状況】

2017年8月、金正恩朝鮮労働党委員長は「米国本土の全域を射程圏内に入れたICBMを開発した」と宣言した。これに対して西側情報機関は、金正恩の発言をブラフ（脅し）として軽視したが、最近ではより慎重な判断が求められるようになっている。

【課題】

「北朝鮮はICBMを開発したか?」という質問を細分化（ブレークダウン）しなさい。

【指導案】

1 機能別評価

（1）ミサイル発射技術

北朝鮮は米国の全地域に対し、核弾頭を含めて何らかの弾頭を投射する能力は保有しているが、実際に核弾頭を到達しうる能力を保有したと判断することはできない。

（2）核弾頭小型化技術

核保有国が小型化・弾頭化の成功に要した経緯や、過去6回の核実験を踏まえて、北朝鮮が核兵器の小型化・弾頭化の実現に至っている可能性がある。

（3）大気圏再突入技術

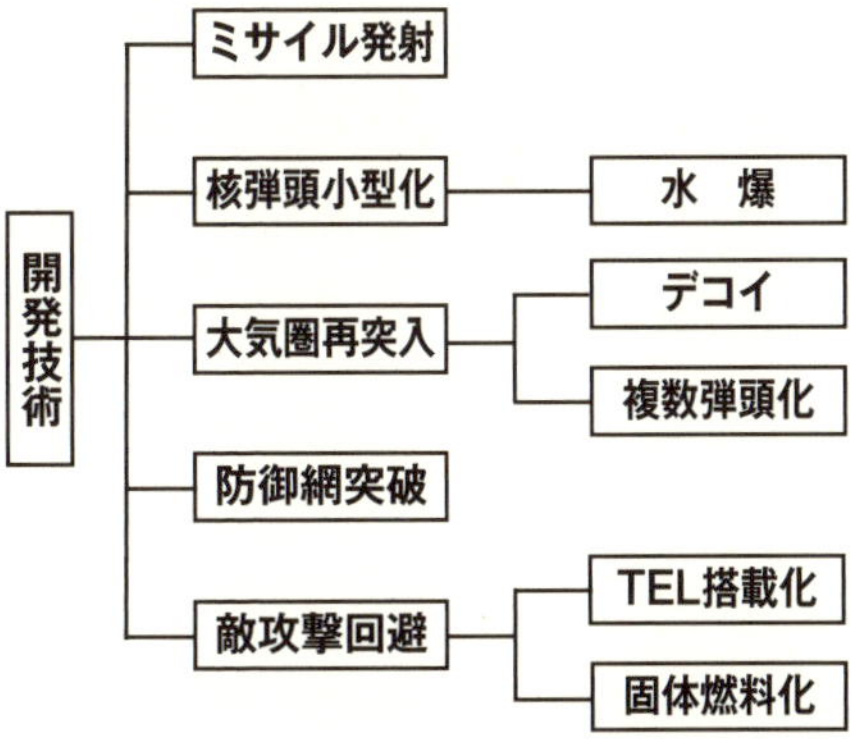

- 開発技術
  - ミサイル発射
  - 核弾頭小型化
    - 水　爆
  - 大気圏再突入
    - デコイ
    - 複数弾頭化
  - 防御網突破
  - 敵攻撃回避
    - TEL搭載化
    - 固体燃料化

ICBM開発技術の細分化

北朝鮮はロフテッド大気圏突入技術の検証を行なっているが、現段階では十分な成果を得られていない蓋然性が高い。今後、実距離での発射と検証が必要とみられる。

（4）敵防御網突破技術

北朝鮮は初歩的なデコイ（囮）技術を有するとみられるが、ＩＣＢＭに搭載できる核弾頭の小型化が成功したかどうかは不明であり、ＭＩＲＶ（多弾頭化）技術の取得には至っていないとみられる。

（5）敵攻撃回避（残存）技術

北朝鮮は液体燃料型のミサイルと併用して固体燃料化を進めている。すでにその基本技術は取得しているが、ＩＣＢＭの固体燃料化には至っていないとみられる。一方、長射程の弾道ミサイルをＴＥＬ（輸送型起立発射）から発射する技術を取得し、抗堪性および残存性は高まっている。

２ 総合評価

北朝鮮はすでに米国全土に核弾頭を含む何らかの弾頭を投射できる発射技術を取得し、現在は再突入技術が最大の課題とみられる。今後はＭＩＲＶの開発、固体燃料化を推進し、敵防御網突破能力および残存性を高めるとみられる。

【解説】

北朝鮮のＩＣＢＭ開発の目的が、米国に対する最小限核抑止力を獲得することが前提であれば、その開発技術はミサイル発射（到達）技術、核弾頭小型化技術、大気圏再突入技術、敵防御網（ＢＭＤ）突破技術、敵攻撃からの回避技術などに細分化できます。（前頁の図参照）

さらに敵攻撃回避技術は、迅速な反撃能力と、敵の攻撃を回避する必要性から、固体燃料式（液体燃料式に比して発射時間が短縮）の開発、ＴＥＬ（輸送型起立発射）の開発に細分化できます。

注：本課題はある程度の軍事知識がなければ回答できないため、実技講座では関連情報を集めたデータ資料（『防衛白書』および韓国・西側筋の情報から、２０１８年4月10日現在の評価）を事前に配布しました。

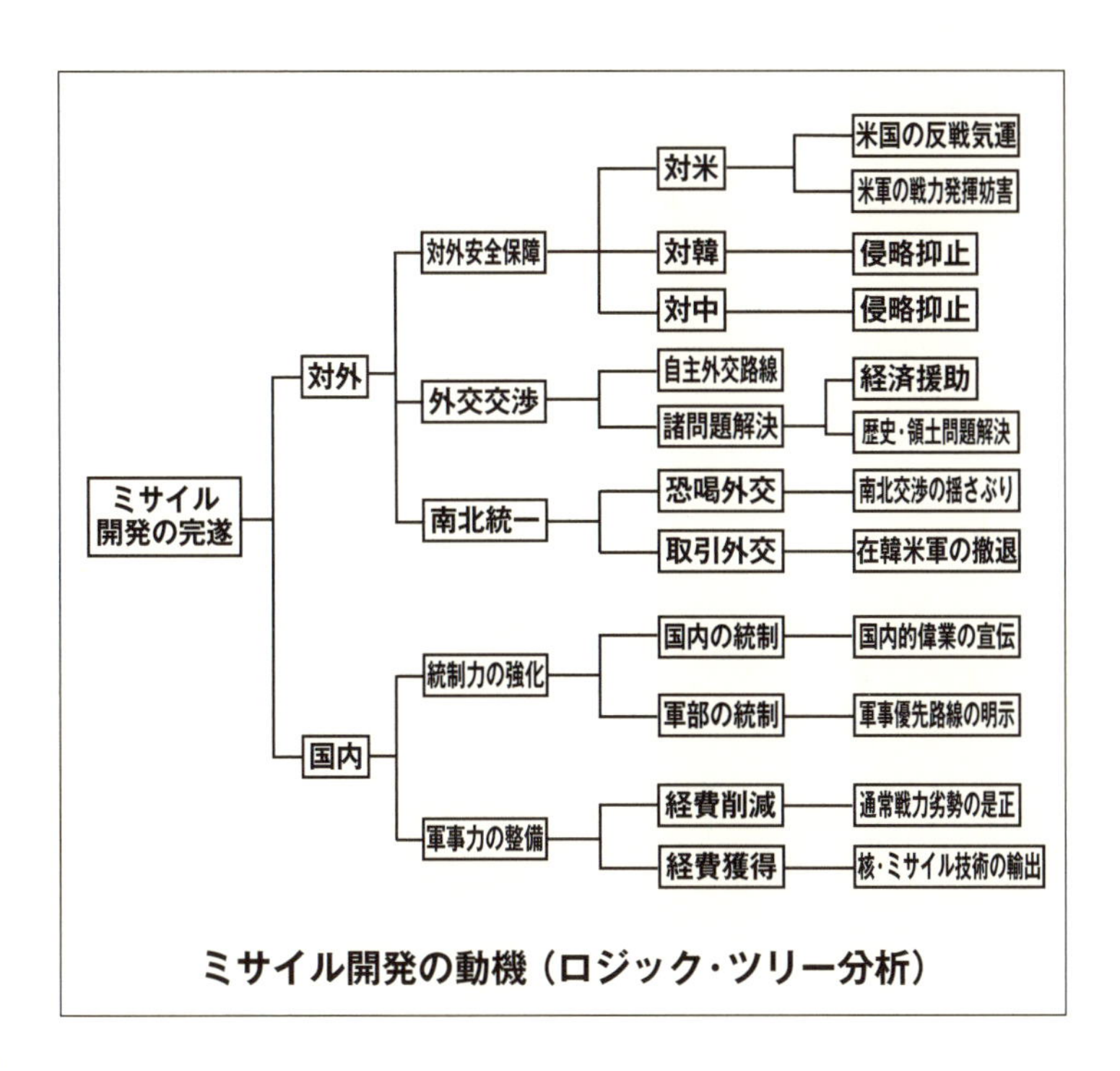

ミサイル開発の動機（ロジック・ツリー分析）

課題3 ドライバーを案出する

【課題】

「北朝鮮はなぜ核ミサイルの完成を目指すのか?」に関するドライバー（鍵）をグループで案出しなさい。どのような分析手法を用いるかは自由です。

【指導案】

ドライバーは「対外安全保障」「外交交渉」「南北統一」「国内統制力の強化」「軍事力の整備」とした。

【解説】

筆者は、ミサイル開発の動機とし

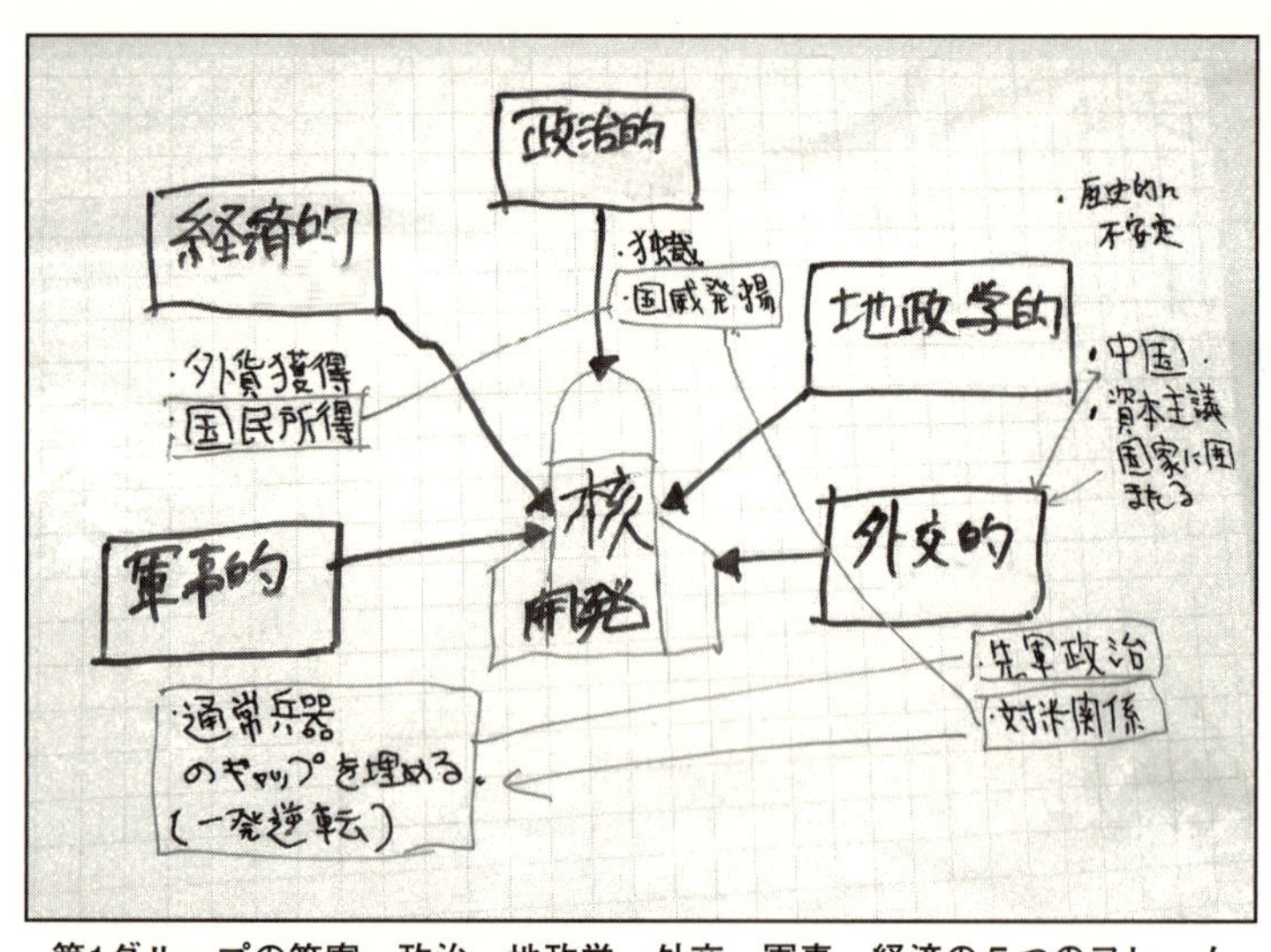

第1グループの策案。政治、地政学、外交、軍事、経済の５つのフレームワークを設定し、補助線を使う着想は悪くない。この図からは「国威発揚」「安全保障（対米関係）」「経済再建（国民所得）」などがドライバーの候補と思われるが、まだ案出不足である。

て、まず思いつくことをアトランダムに案出して、それをロジック・ツリー分析（150頁参照）により集約・整理しました。この際のMECE（144頁参照）の分岐点は、「対外」と「国内」にしました。

ドライバーの案出にはさまざまな方法がありますが、図式化したモデル（前頁の図参照）を作成することでドライバー案出の糸口を見つけやすくなります。第1グループと第2グループの策案を紹介します。

第1グループの策案は、最初に大きく「政治的」「地政学的」「外交的」「軍事的」「経済的」という五つのフレームワークを設定し、核ミサイルの開発動機にかかわるドライバーを案出しました。

思い浮かんだドライバーをどんどん図に

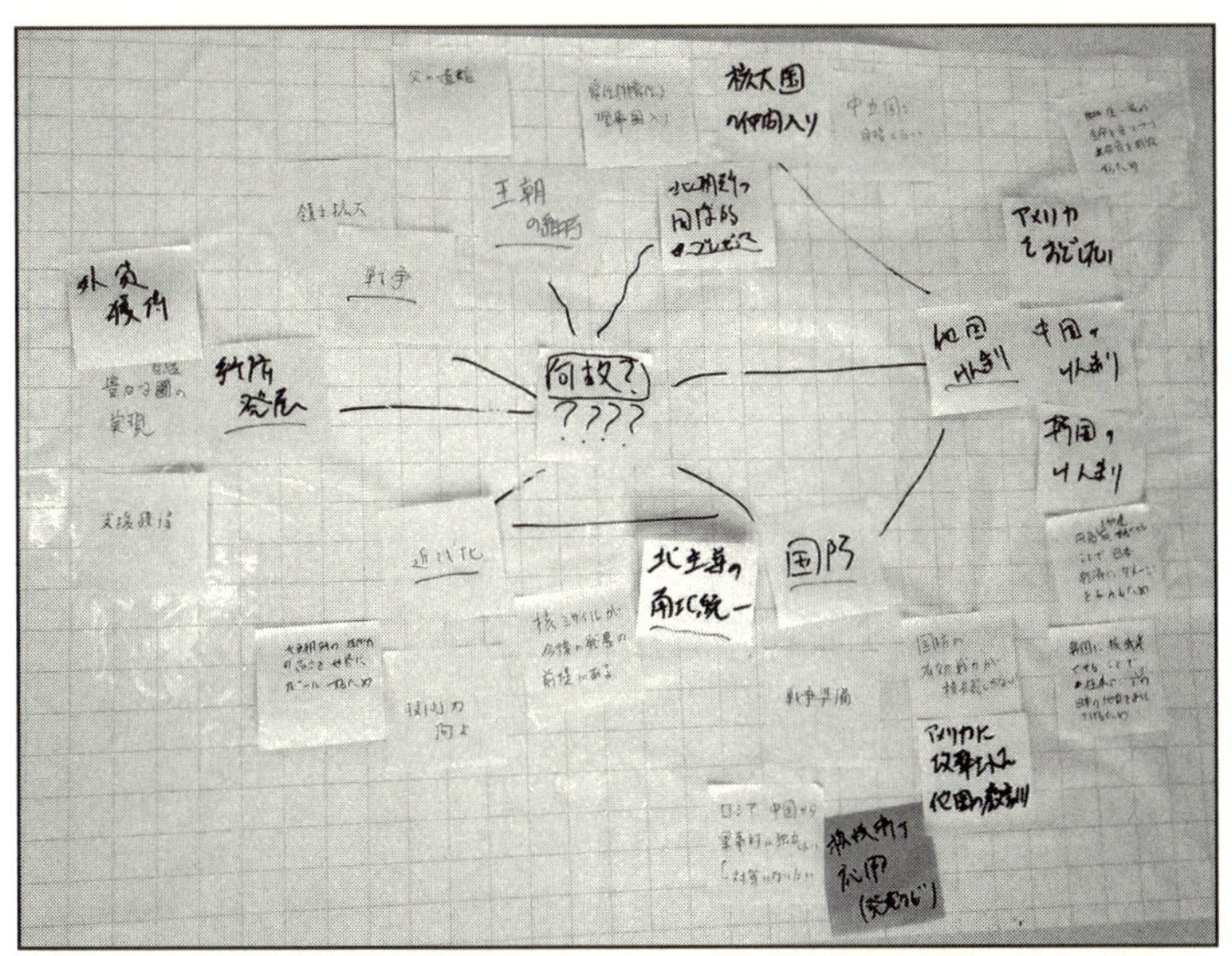

第２グループの策案。体系化されたブレーンストーミングの手法を採用。「他国の牽制」「北鮮主導の南北統一」「国防の近代化」「経済発展」「王朝の維持」などがドライバーの候補になると思われる。同じサイズの付箋紙を使っているのはよいが、ペンも同じ物を使うこと。文字の太さを同じにして特定の意見が強調されないための措置である。

書き込むことが大事です。

ドライバーの案出や仮説の設定において、特段の思考法がない場合には、こうしたフレームワークを利用することは有効です。

第2グループは、各メンバーに数枚の付箋紙を配り、付箋紙1枚に核ミサイル開発の動機を一つずつ書かせ、それをボードに貼りつけました。

次にグループ討議により、同じ内容のものを集約して、関係図を作成しました。

この手法を「体系化されたブレーンストーミング」と呼びます。当該手法の利点はグループ全員のアイデアが提出されるところにあります。最初からグループ討議すると、知識が豊富な者、声が大きい者に討議を支配されてしまい、集団浅慮（75頁参照）が生まれます。それを避けるために「体系化されたブレーンストーミング」は有効です。

課題4 クロノロジーを活用する

【課題】

1998年から2007年の「北朝鮮関連クロノロジー」（231～232頁表）から読み取れることを列挙しなさい。

なお、当該期間は、韓国において金大中（1998年2月～2003年2月）と二代にわって親北朝鮮派の指導者が就任した時期である。現在の文在寅（2003年2月～08年2月）、盧武鉉（2016年5月～）大統領は、盧武鉉政権の側近（大統領府民情首席、市民社会首席）となり、対北朝鮮政策のキーパソンであった。

【指導案】

摘要：事実関係➡事実からの分析➡現在の分析および未来予測

年	月日	事項
1998	2月25日	金大中、韓国大統領に就任、対北朝鮮宥和政策開始
	4月	金大中、「南北経済協力活性化措置」を発表
	8月31日	弾道ミサイルテポドン発射。三陸東方沖の太平洋上に着弾
1999	6月	先軍思想という言葉が登場
	6月15日	南北海軍艦艇が交戦、北朝鮮の魚雷艇と哨戒艇各1隻が撃沈。北朝鮮側に多くの犠牲者が発生（第1延坪海戦）
2000	2月9日	ロ朝友好善隣協力条約締結（旧条約の軍事同盟条項削除）
	4月5〜7日	日朝国交正常化交渉（第８回）が約８年ぶりに開催
	5月29〜31日	金正日が初外遊で訪中（1回目）、江沢民主席と首脳会談
	6月13〜15日	平壌で初の南北首脳会談開催（金大中大統領が訪朝）
	7月	プーチン大統領訪朝
	10月12日	米朝共同コミュニケ。双方は相手に敵対的な意思を持たないことを宣言し、新たな関係を樹立することを確約
2001	1月15〜20日	金正日、訪中（２回目）。上海先端産業施設視察。中国改革・開放成果に「大きな衝撃」表明
	7月〜8月	金正日、初の訪露
2002	9月	米国、「米国の国家安全保障戦略」で「先制攻撃」を公式の戦略として採用
	10月16日	米国務省、北朝鮮が高濃縮ウラン施設建設などを認めたと発表
	11月29日	北朝鮮、ＩＡＥＡによる核開発計画への査察を拒否
	12月27日	ＩＡＥＡ査察官の追放決定
2003	1月10日	北朝鮮、ＮＰＴ即時脱退を表明
	2月25日	盧武鉉が韓国大統領に就任。対北朝鮮宥和政策が開始
	3月20日	アメリカ、イラク攻撃を開始
	4月23〜25日	北京で米中朝三カ国協議が開催。北朝鮮、米朝二国間協議のつもりで参加し、不満を表明し退席。北朝鮮、核保有を非公式に自認
	8月27〜29日	第１回六カ国協議（六者会合）を北京で開催
2004	4月19〜21日	金正日、訪中
2005	2月10日	北朝鮮、六カ国協議参加無期限中断の外務省声明、「自衛のために核兵器を作った」と公式に発表
	3月22日	盧武鉉が「北東アジアのバランサーを目指す」と発言
	5月31日	ブッシュ大統領が記者会見で、金正日総書記をミスターの敬称を付けて呼ぶ
	6月3日	北朝鮮外務省が「ミスター」の呼称を六カ国協議の雰囲気づくりに寄与すると評価

北朝鮮関連クロノロジー（1998〜2007年）①

2005	6月17日	金正日、平壌で韓国の統一部長官と面会。「我が共和国は核兵器を持つべき理由がない」と初の非核化の意思を表明
	9月13~19日	第4回六カ国協議第2次会合が開催。北朝鮮、共同宣言を採択。エネルギー支援などと引き換えにすべての核兵器および既存の核計画の放棄に同意
	9月15日	米国、マカオの「バンコ・デルタ・アジア」の北朝鮮の資金洗浄金融機関に指定
	9月28日	米国、マカオの「バンコ・デルタ・アジア」の北朝鮮関連口座を凍結
	11月9~11日	第5回六カ国協議第1次会合が開催
2006	1月10~18日	金正日総書記一行が中国を隠密訪問（4回目）
	7月5日	テポドン2を含む7発の弾道ミサイルを発射
	7月16日	国連安保理決議1695号採択（拘束力のない非難決議
	9月	米政府高官、シリアが北朝鮮からミサイル技術を購入している事実を発表
	10月3日	北朝鮮、核実験の予告声明発表
	10月9日	北朝鮮、初の核実験に成功と発表
	10月15日	北朝鮮の核実験に対し、国連安保理決議1718号を採択
	10月31日	北朝鮮、六カ国協議への無条件復帰に合意
2007	1月16~18日	米朝ベルリンで接触。六カ国協議再開で合意
	2月8~13日	第5回六カ国協議第3次会合が開催 北朝鮮が原子炉停止、年末までに核関連活動のすべてを公表すると確約。ブッシュ大統領に対し、凍結された在米試算2500万ドルの返還要求
	2月27~3月2日	第20回南北閣僚級会談が平壌で開催
	3月5~6日	米朝国交正常化に関する作業部会が開催
	3月19日	米国、凍結中の2500万ドル全額解除で合意、北朝鮮に対する金融制裁解除
	7月16日	IAEAが実験用原子炉の停止確認
	9月3日	北朝鮮、米国がテロ支援国家リストからの除外に合意したと表明
	9月27~30日	第6回六カ国協議第2次会合「共同声明の実施のための第2段階の措置」で合意
	10月2~4日	南北首脳会談が開催（2回目）。盧武鉉大統領が平壌を訪問し金正日と会談

北朝鮮関連クロノロジー（1998~2007年）②

【韓国の対北朝鮮政策】

事実関係：１９９８年、親北朝鮮派の金大中が韓国大統領に就任した。同大統領は、北朝鮮に配慮した宥和政策をとり、２０００年６月に平壌での初の南北首脳会談が開催された。また、２００３年２月に就任した盧武鉉大統領も親北朝鮮派であり、就任間、対北朝鮮宥和策を採用し、２００７年10月に南北首脳会談（第２回）の開催を実現させた。

事実からの分析：両大統領の就任間に南北首脳会談が開かれたことは、韓国の宥和政策が北朝鮮の軟化政策を引き出したと判断される。すなわち韓国政権の構造とそこから生み出される外交姿勢が、南北関係の重要なドラビング・フォースとなる。

現在の分析および未来予測：文在寅大統領（２０１６年５月〜）の対北朝鮮宥和政策が今回の南北首脳会談開催（２０１８年４月）を実現させた重要な要因とみられる。文大統領は就任間、対北朝鮮宥和政策を継続するとみられ、南北関係は比較的安定して推移すると予測されるが、韓国の政権交代、あるいは文政権の過度な対米譲歩などによっては、北朝鮮の韓国に対する軟化政策が変化する可能性がある。

【北朝鮮の対中国政策】

事実関係：金正日委員長は初の南北首脳会談を行なう前の2000年5月、初の外遊で中国を訪問した。また2003年8月から六カ国協議の開催期間中、金正日は訪中を繰り返した。

⬅

事実からの分析：初の外遊先を中国にしたことは、北朝鮮の対中配慮とみられる。また2000年2月にロシアとの軍事同盟が解消されたことが、中国訪問の誘因となった可能性がある。

⬅

現在の分析および未来予測：南北首脳会談前に金正恩は初の外遊で中国を訪問した（2018年3月）。露朝軍事同盟などが存在しない現状では北朝鮮の対外関係における中国最優先の方針に変化はなく、対南関係、対米関係などの再構築においては中国の後ろ盾が必要であることがうかがえる。北朝鮮は、半島の非核化政策や対米関係改善を進める上で、中国との関係強化に努めるとみられる。また米朝関係が進展しない場合、対中関係をてこに打開策を講じる可能性がある。

【北朝鮮の外交政策】

事実関係：2000年、北朝鮮は8年ぶりの日朝国交政治化交渉（4月）、プーチン露大統領の訪朝（7月）、米朝共同コミュニケの発表（10月）を実施した。2001年には、金正日の訪中（1月）、訪露（7月）が行なわれた。

事実からの分析：これらの積極外交は、金正日の訪中および南北首脳会談が誘因になったと考えられる。

⬅

現在の分析および未来予測：2018年6月、米朝首脳会談が予定されているが、これが誘因となり、日朝関係や露朝関係などに変化の兆しが生まれる可能性がある。ただし、2000年当時と比べて、日中の経済力は逆転し、北朝鮮にとっての日本の経済的価値は相対的に低下しているので、日朝関係改善への過度な期待は禁物である。

⬅

【北朝鮮の軍事・核ミサイル政策】

事実関係：北朝鮮は、先軍思想（1999年6月）を掲げ、弾道ミサイルの発射試験（1998年8月、2006年7月）および核開発（2006年10月に初の核実験実施）を継続した。

核開発をめぐっては、2002年11月末のIAEAの査察拒否、2003年1月のNPT即時脱退表面で緊張化（第二次核危機）したが、2003年8月には第1回目の六カ国協議に応じた。第1回六カ国協議開催以降、北朝鮮は穏健な対外政策をとっていたが、2006年になり、ミサイル発射

（7月）と核実験（10月）をセットで行なった。同核実験以後は再び六カ国協議の枠内にとどまり、2007年2月の第5回六カ国協議第3次会合では、原子炉停止、同年末までに核開発活動のすべてを公表すると確約した。

⬅

事実からの分析：北朝鮮は、韓国の政権あるいはほかの外交関係がどのような状態であっても、先軍思想のもとで核およびミサイルの開発を継続してきた。

北朝鮮が核ミサイルを〝駆け引き材料〟に硬軟両用の戦術をとるのは常套手段である。

⬅

現在の分析および未来予測：2017年には7回目の核実験とその前後に核破壊兵器搭載の弾道ミサイルの実験を繰り返した。これは核ミサイルの保有を前提に対米関係の改善、体制保障を図ろうとする従来型の戦術とみられる。

北朝鮮は、2018年の米朝首脳会談を控えて、非核化をにおわせる穏健政策を表明している。しかし、核ミサイルを体制保障の礎と認識している以上、完全放棄の蓋然性は著しく低い。関係改善の演出の水面下では、未完成と見られるICBMのさらなる開発、日本などに指向する中距離核ミサイルの性能向上を企図する可能性は排除されない。

北朝鮮は中国からの経済制裁の緩和を最優先している可能性があり、これ以上の核ミサイル開発の実験中止を引き換えに、中国からの譲歩を引き出す戦術に出る可能性がある。

【米国の外交政策1】

事実関係：米国は、2002年9月「国家安全保障戦略」で先制攻撃を採用し、2003年3月からイラク戦争を開始した。

事実からの分析：同戦略が北朝鮮の危機感を高めて、第二次核危機（2002年末〜2003年初頭）に至った可能性がある。他方、米国によるイラク攻撃は、北朝鮮に恐怖心を生じさせ、第1回六カ国協議開催（2003年8月）の誘因になった可能性がある。

現在の分析および未来予測：現在、米国は北朝鮮に対して経済制裁を継続する一方、シリア空爆（2017年4月）などの軍事面での心理的圧力を北朝鮮に加えている。このことが北朝鮮の軟化政策を生み出し、米朝首脳会談の流れを形成したと考えられる。

事実関係：米国はイラク戦争の開始以降、北朝鮮に対しては、米韓同盟および六カ国協議による間接的な関与にとどまっていた。ブッシュ米大統領は、金正日に対し「ミスター」と呼称するなど、譲歩を繰り返した。この間、北朝鮮の核・ミサイル開発は粛々と進展した。六カ国協議は、中国主導で行なわれ、非核化については具体的な成果を出すことはできなかった（六カ国協議は2007年3月以降未開催）。また、国際連合の制裁も効果はなかった。

事実からの分析：米国はイラク・アフガニスタン正面に勢力を割かれたために、六カ国協議は中国に依存せざるを得ず、同協議を維持することを優先していたとみられる。

現在の分析および未来予測：米国がシリア問題などに勢力を充当する必要性から、米国は朝鮮半島の非核化問題において北朝鮮にある程度譲歩し、米国を指向するＩＣＢＭの廃棄といった限定的な対応をもって、北朝鮮の体制保障の要求に応じる可能性は排除できない。その場合、北朝鮮による核ミサイルのさらなる開発が進む可能性がある。

【米国の外交政策２】

事実関係：米国は、2005年9月、北朝鮮の資金洗浄の懸念があるマカオの銀行「バンコ・デルタ・アジア」の北朝鮮関連口座を凍結した。北朝鮮は前述のとおり、2006年に核ミサイルをてことする強硬政策に転じる一方、非核化関連活動を駆け引き材料に、ブッシュ米大統領に対し、凍結された在米資産の返還要求を行なった。

事実からの分析：同金融処置が北朝鮮の宥和政策から強硬政策への転換の誘因になった可能性がある。

⬅

現在の分析および未来予測：今回の北朝鮮の一連の軟化外交の影響要因は、前述した軍事面での心理的圧力と経済圧力であるとみられる。経済圧力では2017年秋頃から中国が経済制裁を強化したことが大きい。米国は手練手管の限りを尽くして中国との連携や牽制を駆使し、経済制裁をてこに北朝鮮が非核化に向かうよう圧力を継続するとみられる。ただし経済制裁は〝もろ刃の剣〟であり、米国による経済制裁が強化されれば、北朝鮮の政策は穏健から強硬に急転する可能性がある。その場合、北朝鮮の核ミサイルの性能は格段に向上しているため、強硬政策への揺れ幅は相当に高まる可能性は否定できない。

⬅

【解説】

クロノロジーは過去の行動を時系列に整理して、その前後関係を考察することで、問題の鍵となるドライバー、あるいは未来予測のためのドライビング・フォースが明らかになります。

実技講座の参加者は4つのグループに分かれて各課題について検討し、全員の前で発表する形式で情報分析の手法を実地に体験した。

ここでは、紙幅の関係上、現在の韓国の文政権との類似性に考慮して、1998年から2007年までに絞りましたが、それでも、このクロノロジーから、前述のドライバーや仮説などが案出できるのではないでしょうか。

つまり過去から現在までのクロノロジーを描き、それを現状に照らして、未来を投影することで、未来予測ができるわけです。

このように、クロノロジー分析は国家安全保障の情報分析で極めて有力なツールですが、クロノロジーを作成するには日々の積み重ねが必要です。

クロノロジーからさまざまなことがわかりますが、ただ漠然と眺めるだけでは、良質のアイデアは浮かびません。前述した「鳥の目」（鳥瞰図）、「虫の目」（虫瞰図）、「魚の目」（魚瞰図）で、経年変化や現在と過去の類似性などを見つけて特徴を浮き彫りにしていきます。（138頁参照）

なお現在と過去との類似事象、ほかの領域における類似事象と比較して未来予測することを「アナロジー思考」といいます（182頁参照）。クロノロジー分析はアナロジー思考と組み合わされて、効果を高めます。

現在、金正恩は非核化の動きをちらつかせて（2018年4月現在）、米国の出方をうかがっていますが、2002年から06年の北朝鮮関連クロノロジーは、北朝鮮の今後の出方を予測する上で大いに参考になります。

ただし、金正恩政権が父親の金正日政権と同じ道を歩むと決めるのは禁物です。類似点と相違点を明らかにして、比較・類推するのがアナロジー思考の着眼です。

課題5　仮説を立案する

【課題】

「地理・社会・政治・経済・運輸通信・科学技術・軍事・人物」のフレームワークを活用して、

「なぜ金正恩政権は核ミサイルを開発するか？」の仮説を案出しなさい。各項目の仮説は最大2個までとし、空欄があってもかまいません。

【指導案】

「なぜ金正恩政権は核ミサイルを開発するか？」

[地理]

- 埋蔵される豊富なウランが北朝鮮の核開発の継続を容易にしている。

[社会]

- 国民は核保有国になることを希望し、そのための経済的犠牲は苦にならないと考えている。

[政治]

- 金正恩は核兵器を保有することで国内統治上の権威を確立できると信じている。
- 金正恩は核兵器を外交交渉の手段であると考えている。

[経済]

- 核兵器の技術移転によって、核兵器開発の経済的損失を低減できる。
- 北朝鮮は通常戦力の構築よりも、核兵器開発の方が経済的に安上がりだと考えている。

[運輸通信]

- とくになし

【科学技術】

●北朝鮮の一部の高度な技術力が核兵器開発を可能にしている。

●水面下でロシアなどによる技術支援が核兵器の開発を可能にしている。

【軍事】

●金正恩は核兵器の保有こそ米国の軍事的脅威に対する抑止手段であると信じている。

●北朝鮮は通常戦力の脆弱性を補うため、核兵器の開発を重視している。

【人物】

●金正恩の臆病で猜疑心の強い性格が核兵器の開発に駆り立てている。

【解説】

講義では「なぜ金正恩指導者は中国を電撃訪問したか?」についても考察しました。これは、本実習直前に突如、金正恩の訪中が決定したからです。紙幅の関係上、指導案や受講者の策案紹介を割愛しますが、仮説を立てるにはフレームワークを利用すると便利であることが理解できたと思います。読者の皆様も、この質問をフレームワークで分析してみて下さい。仮説を2個以下としたのは、あまり多くの仮説を挙げると情報分析の効率化が阻害されるからです。各仮説をどのように評価するかは後述する仮説の評価(249頁参照)を参照してください。

課題6　未来仮説を立案する

【状況】

２０１６年１月、金正恩政権は４回目の核実験を実施した。それ以降、弾道ミサイルの発射実験を頻繁に繰り返している。これに対し、米国は国連や中国に働きかけ、北朝鮮に対する経済制裁を継続している。

ところが、２０１８年の新年の辞で、金正恩は「平昌冬季五輪に代表団を派遣する用意があり、南北当局が会うこともできる」との声明を発表した。

２月９日の平昌冬季オリンピックの開会式には最高人民会議常任委員長（序列２位）の金永南氏と、特使として実妹の金与正氏を訪韓させ、文在寅・韓国大統領に訪朝を要請した。

こうした北朝鮮の宥和外交にもかかわらず、米国は北朝鮮に対する過去最大の制裁圧力を加えた。

３月５日、金正恩は韓国の大統領特使を受け入れ、朝鮮半島における非核化推進の意志と、核ミサイル実験の凍結を確約した。さらに同特使を通じて早期の二国間会談の実施を米国に要請した。

３月８日、トランプ米政権は米中首脳会談に応じる意向を示し、５月中にも同首脳会談が実施される可能性が出てきた（のちに６月になった）。ただし、今後の北朝鮮などの対応次第では米中首脳会談が中止になる、あるいは実施されるものの交渉が決裂する事態も予測される。

【課題】

米朝首脳会談の実施は流動的という前提で「米国は北朝鮮に対してどのような対応をとるか?」について「四つの仮説立案（QDA）」（204頁参照）を用いて未来仮説を列挙しなさい。

なお分析に際して以下の前提を設ける。

●北朝鮮および米国は、ともに現在の統治体制に大きな変化はない。
●北朝鮮は、核兵器を保有しているが、核ICBMの開発は完遂していない。
●米国は、朝鮮半島の非核化および核の拡散防止という戦略目標に変化はない。
●北朝鮮は、核ミサイル保有国としての扱いを認め、在韓米軍の撤退という相互主義による非核化を主張している点に変化はない。
●中国およびロシアは、朝鮮半島の核開発を危険なものとして認識している。ただし非核化よりも朝鮮半島の安定を優先し、過度な強硬策による現状変更は認めない方針を堅持している点に変化はない。
●北朝鮮への軍事攻撃が行なわれた場合、中国が参戦する旨の条項を規定する中朝友好協力相互援助条約は有効である。

【指導案】

仮説1　経済制裁強化

現在行なっている経済制裁を段階的に強化し、金正恩政権の核・ミサイル開発の資源を枯渇させる。あるいは経済制裁により北朝鮮における反政権クーデターの土壌を形成する。

仮説2　外交交渉

当面は北朝鮮が保有するミサイルを容認し、米国に到達しうる核ミサイルの凍結、核・ミサイルの国外輸出を管理する体制を構築する。中長期的に在韓米軍の縮小、撤退を視野に入れた外交交渉を継続し、漸次に朝鮮半島の非核化を目指す。

仮説3　体制変換（指導者交代）

諜報部隊・特殊部隊による秘密工作により反体制派を支援する。金正恩に有形・無形の圧力を最大限にかけて、中国またはロシアなどに亡命させる。その後に別の指導者を立て、核・ミサイルを廃棄させる。秘密工作の進展状況によっては暗殺も含まれる。

仮説4　軍事攻撃（予防攻撃）

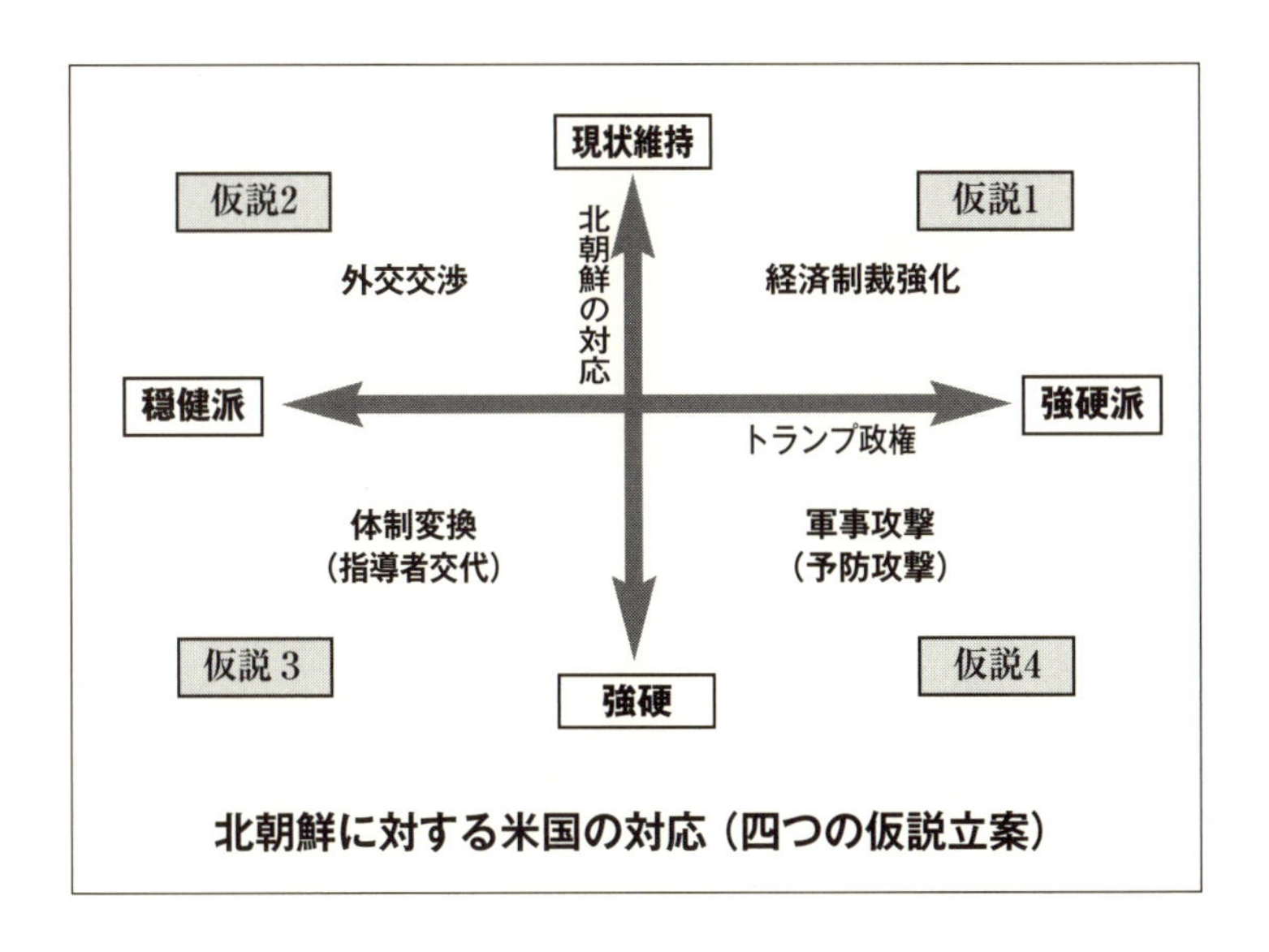

北朝鮮に対する米国の対応（四つの仮説立案）

海・空軍主体のミサイル戦力により、北朝鮮が保有する核・ミサイルを奇襲攻撃し、同戦力の壊滅を目指す。金正恩に対する特殊部隊による斬首作戦もありえる。

【解説】

「四つの仮説立案（QDA）」は、未来に起こりうる事象に影響を及ぼす二つのドライビング・フォース（影響要因）にもとづき、四つの異なる仮説を立てるものです。

北朝鮮の対応策（現状維持・強硬）を縦軸に、トランプ政権（強硬派・穏健派）の対応策を横軸にして図式化しました。すなわち縦軸は北朝鮮がより強硬策に振れるか、それとも当面は穏健な状態を維持するかを表します。横軸は米国トランプ政権が強硬派あるいは穏健派が主流になるかを表し、四つのシ

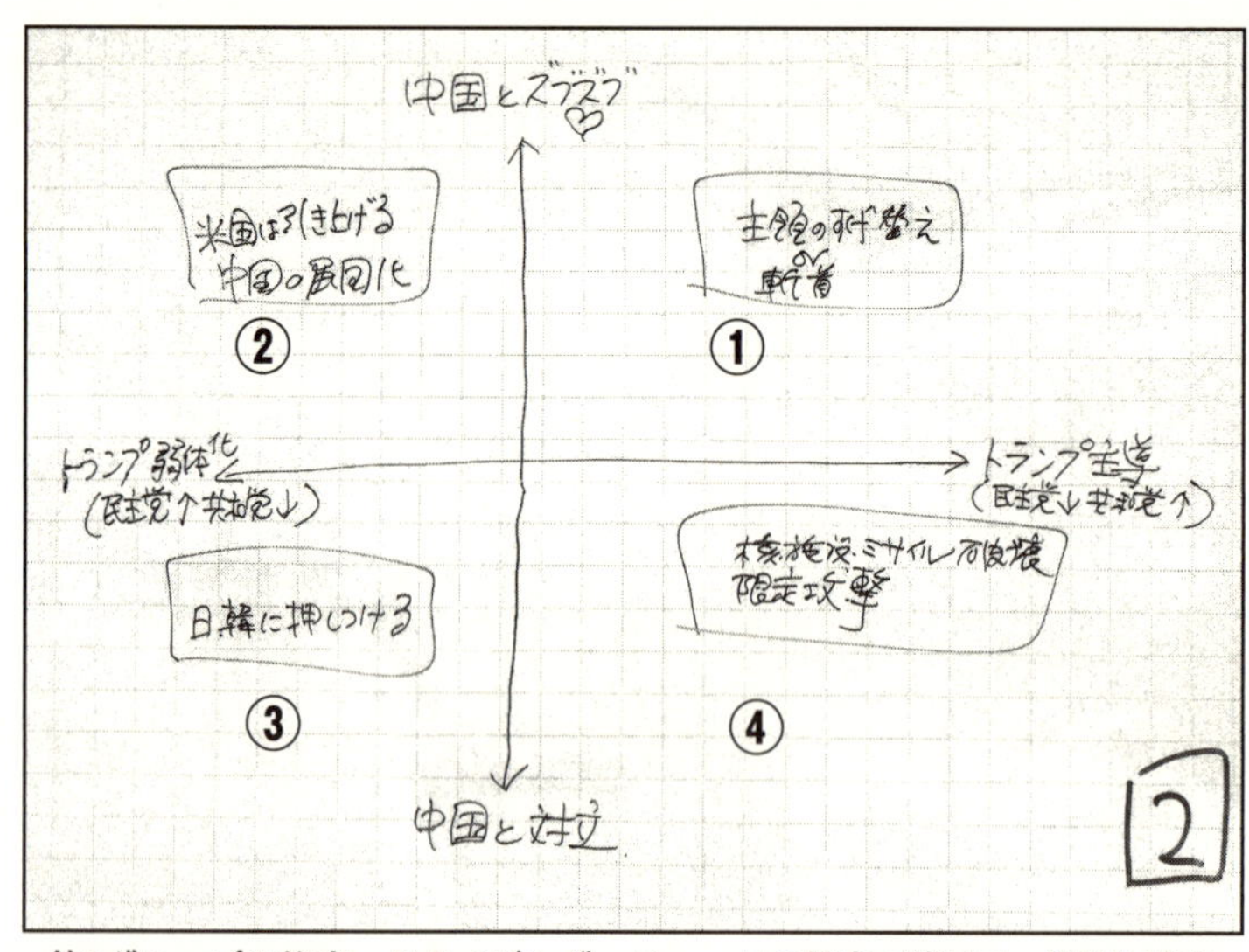

第2グループの策案。ドライビング・フォースの設定が絶妙で、簡単に考えた印象を受けるが、よく整理された策案である。以後の検証の便宜を考えて、各象限に番号を付与するとよい（番号は筆者付与）。

ナリオを立案しました。

「四つの仮説立案（QDA）」の特徴は、結論（政策）に影響を及ぼすドライビング・フォースを二つ案出し、それにもとづいて仮説を立案するという点にあります。

「四つの仮説立案」の最も難しい点は、ドライビング・フォースの案出です。複数の案を出して、いちばん整合するものを選びます。

ここでは、第2グループの策案を紹介します。

縦軸が中国との関係、横軸が米国の政権構造としています。もう少し整理すれば、①斬首作戦（首領亡命）、②米国の段階的撤退（中国の属国化）、③日・韓に対する自主防衛の要請、④限定攻撃という四つの仮説が立案されるといったところでしょうか。

各仮説は、それぞれ特色が明瞭で、ほかの仮説と明確な違いがなければなりません。そうでなければ、各仮説の「利点・欠点」という分析に支障を来します。

このような観点から、第2グループの策案の問題点を挙げれば、②と③の違いが不明確であることと、②と③の仮説と、②・③と④の仮説では想定時期や抽象度が異なるといえます。

これらのことを踏まえて、トランプ政権が弱体化することで早急かつ具体的な行動を回避するとみれば、米国が採用可能な案としては、②は中国を中心とする外交交渉（過去の六カ国協議パターン）、③は国連を中心とした経済制裁の強化とした方がよいかもしれません。

図式化して考える利点は左脳だけでなく右脳も使うことです。両方の脳をフル活用して二つの軸の組み合わせをあれこれ考えることで、新たなアイデア（仮説）が生まれる、これがこの手法の最大の狙いです。

課題7　仮説を評価する

【課題】

課題6で案出した四つの仮説「制裁強化」「外交交渉」「体制変換」「軍事攻撃」にもとづいて評

	仮説1 制裁強化	仮説2 外交交渉	仮説3 体制変換 （指導者交代）	仮説4 軍事行動 （予防攻撃）
既存の兆候	•現在、国連を中心とした制裁強化を継続中	•金正恩委員長は米朝首脳会談の実施と非核化の意向を表明	•CIA経験者を米政権の中枢に登用 •金正男の長男ハンソルは米国に庇護されている可能性あり	•トランプ大統領はあらゆる選択肢の可能性を主張 •空母の増援、トマホークミサイルの実験頻度が増加 •政権は強硬派が主流
利益／利点	•既存の枠組を利用可能。関係国との調整容易 •中国からの協力が得られれば成果は大 •最終的に金正恩政権の転覆という目標を達成	•中・ロ・韓・日の支持獲得が容易 •朝鮮半島における戦争発展への回避が容易 •経済的・軍事的コストは小 •中東、南シナ海の対処可能	•中国の協力が得やすい •日・韓の警戒感を排除 •中東との二正面対処が可能 •朝鮮半島の安定維持が可能 •水面下作戦で失敗しても批判回避	•北朝鮮の核ICBMの完全破棄が可能 •米国の主導により意思決定と問題解決が可能 •当該地域における中国の影響力拡大を有効に阻止
リスク／不利点	•中・ロ・韓の水面下での支援が行なわれれば効果は小 •金正恩政権は開発に必要な資源等は保有している可能性 •国民が困窮するだけで政権への牽制効果なし	•既存の制裁効果を失う可能性 •在韓米軍の撤退により半島の軍事バランスが変化 •水面下での核ミサイル開発の継続の可能性 •金正恩政権の権力が増大	•北朝鮮における有力な反体制派の存在が未定 •CIAなどの作戦遂行は困難 •亡命の最終判断は金正恩の意思 •中国の影響力が増大	•核・ミサイル基地の全制圧は困難 •北朝鮮の先制攻撃 •中・ロとの対立を招来。日・韓との関係にも悪影響 •中東との２正面作戦
リスクの軽減	•国連中心の監視体制を強化 •他の強硬手段に変更するとの心理的威嚇を併用 •強硬策への転換の準備	•国連による北朝鮮の核・ミサイル監視体制を強化 •北朝鮮が非核化に向けた具体的な行動をとるまで制裁継続 •軍による不測事態への対応 •日・韓の自主防衛を奨励	•他のオプションと併用 •北朝鮮の内通者の獲得、宣伝・心理戦を併用 •中国の対外政策などに譲歩 •中国との事前の緊密な調整	•情報活動の強化と秘密保持 •グアム、沖縄などにおける軍事即応体制の強化 •状況により日・韓に事前通知。邦人等救出作戦を実施 •英、湾岸諸国との連携を強化
予期しない反応	•金正恩政権が制裁に過度に反応。強硬手段を採用	•北朝鮮が一方的に外交交渉を中断し核・ミサイル開発を再開 •交渉失敗により金正恩が国内求心力を喪失し、政治不安定化	•金正恩の報復行動 •新指導者による統治が失敗し、無秩序状態	•事態のエスカレーション化により、核が使用され第2次朝鮮戦争に発展

仮説の評価

価しなさい。

【指導案】（前頁の表）

①仮説の利益／利点を敵対者、または意思決定者の立場から見直し、それらを列挙する。

②選択肢を選ぶことでこうむるリスク／不利点（Minus）を敵対者、または意思決定者の立場から見直し、それらを列挙する。

【解説】

本編で紹介した「仮説の見直し（HR）」（210頁参照）では、「利益／利点」「リスク／不利点」「リスクの軽減」の三つを挙げていますが、ここでは「既存の兆候」と「予期しない反応の生起」の二つを追加しました。

こうしたマトリクスを用いる分析によって、米国が採用する可能性のある四つの仮説のそれぞれの特徴、蓋然性、不測の事態対処などの理解が容易になります。

しかし、この表を見てわかるように、非常に地道な作業であり、ある程度の既存の知識が必要とされ、時間もかかるので、今回の受講者には討議のみにとどめました。

課題8 イベント・ツリー分析を適用する

【状況】

２０１８年5月、米朝首脳会談の開催が予定されています（その後、6月12日にシンガポールで実施が決定され、紆余曲折を経て同日実施された）。

【課題】

米朝首脳会談が実施されることを前提に、その後の展開をイベント・ツリー分析（２０８頁参照）を使って考察し、それぞれの確率を記入しなさい。

分析の際の前提は以下のとおり。

- 米朝首脳会談は予定どおり開催される。
- 北朝鮮の核搭載ＩＣＢＭ開発は未完成である。
- 北朝鮮は米朝首脳会談まで核・ミサイル開発を凍結する。

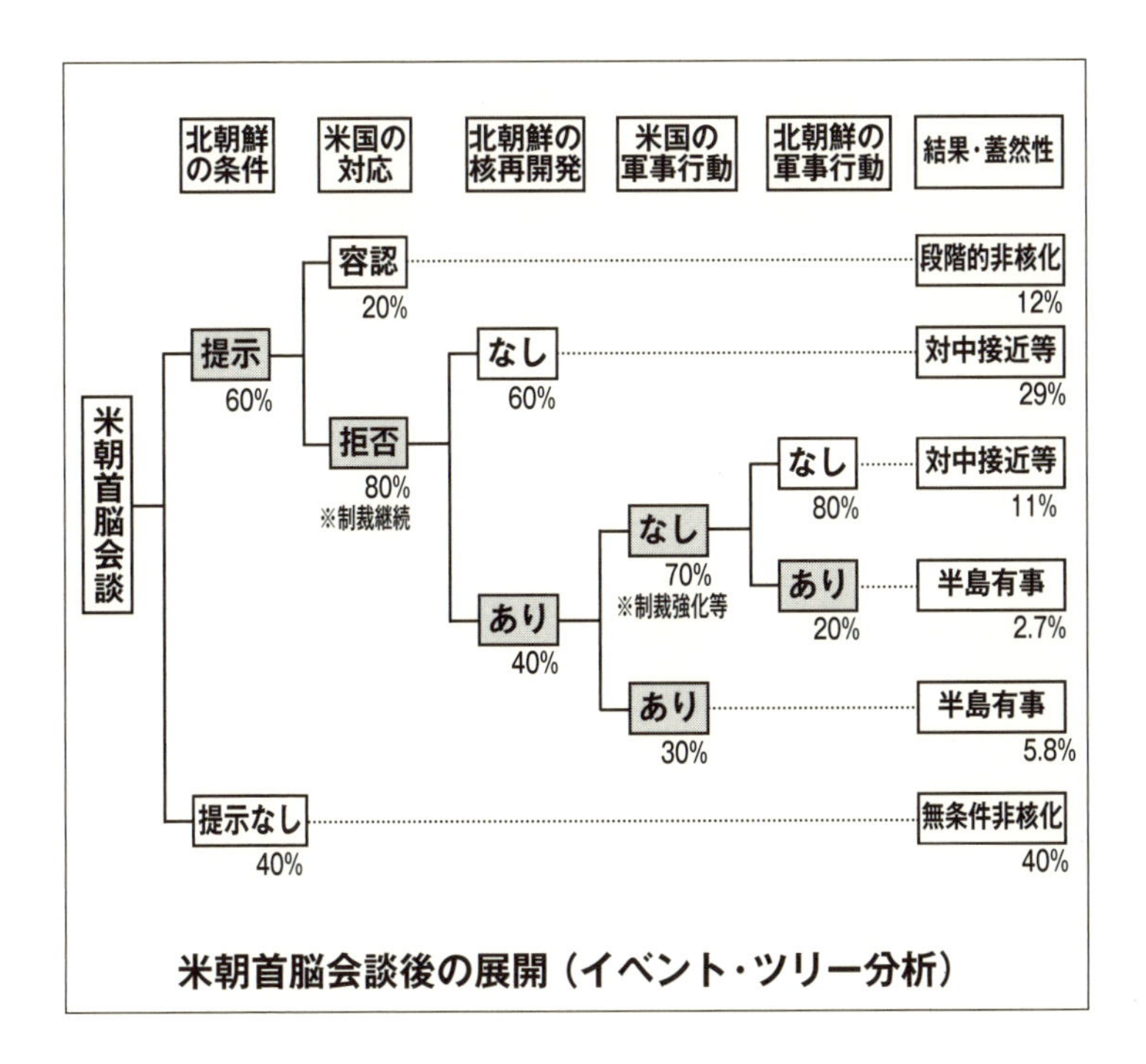

米朝首脳会談後の展開（イベント・ツリー分析）

【指導案】

イベント・ツリーから、米国あるいは北朝鮮が軍事行動を行ない、半島有事に至る蓋然性は現段階（２０１８年4月22日時点）で計８・５パーセントである。北朝鮮の非核化が進まず、中国接近などに向かう蓋然性は計40パーセント、米朝が互いに譲歩して段階的な核廃棄に向かう可能性が12パーセント、北朝鮮が経済制裁の解除などを狙いに無条件で先行的な核廃棄に向かう可能性は40パーセントである。

【解説】

イベント・ツリー分析は国際情勢および危機管理分析で使用されます。論点を明確にして未来を予測する極めて優れた手法です。ただし、事象の展開を形式化することが基本であるため、あまり長期の分析には適しません。

本分析では、米朝首脳会談後の短期の情勢分析に焦点を当て、米朝双方による軍事行動はあるか、つまり、半島有事がどのような過程で、どの程度の蓋然性で起こるかを基本軸に予測しました。

米朝首脳会談が予定どおり開催されることを前提として、最初の分岐点は、北朝鮮が「何らかの条件を提示する（条件提示）」「無条件に完全・不可逆・検証可能な非核化に応じる（無条件の非核化容認）」としました。つまり、条件提示と提示なしでMECE（144頁参照）を形成しました。

条件提示の場合、次の分岐点は米国がこれを容認して「段階的非核化」に進むか、拒否して「制裁継続」に向かうとしました。前提として米朝首脳会談が開催されているので、一挙に決裂↓武力攻撃という方向性は排除しました。

制裁継続の場合、北朝鮮のとりえる選択肢としては、「核ミサイルを再開発するか」「再開発しない」を挙げました。再開発しない場合には、有力な北朝鮮の動きとして、中国に接近して、経済制裁に〝風穴〟を開けることを狙うと考えました。対露接近は対中接近の一部として捉えました。その他のオプションは蓋然性が低いと判断し、本分析においては考慮外としました（無視したわけではない）。

核・ミサイル開発が再開となった場合、米国がとりえる行動の選択肢として、「軍事行動あり」

「軍事行動なし」を挙げました。この際、軍事行動なしの場合には、「制裁強化」「体制変換」などが考えられるでしょうが、複雑になるので、これらのことは図表では表現していません。

これに対して、北朝鮮の軍事行動が「ある」「なし」を選択肢として挙げました。

最後に各シナリオの現段階での確率を（主観的ですが）挿入しました。これにより、米国あるいは北朝鮮のいずれかが軍事行動する蓋然性は合わせて10パーセント以下と見積りました。

以上の分析はあくまでも基本軸です。必要があればさらに派生的な分析を行ないます。

次に一例を示します。

北朝鮮が条件付きで非核化に応じる場合、次のような方向性に向かう可能性がある。

①開発凍結

今後の核ＩＣＢＭミサイルの開発は凍結する。しかし、北朝鮮は既存の核・ミサイルは保有する。この場合、北朝鮮が日本に到達しうる核・ミサイルを保有し続けることになる。

②相互主義的非核化推進

北朝鮮が段階的に核・ミサイルを破棄し、その検証に応じるものの、その引き換えに米韓合同演習を中止して在韓米軍を撤退するよう米国に迫る。米国が非核化と引き換えに在韓米軍の撤退に応じれば、朝鮮半島の戦略バランスに変化が生じる。

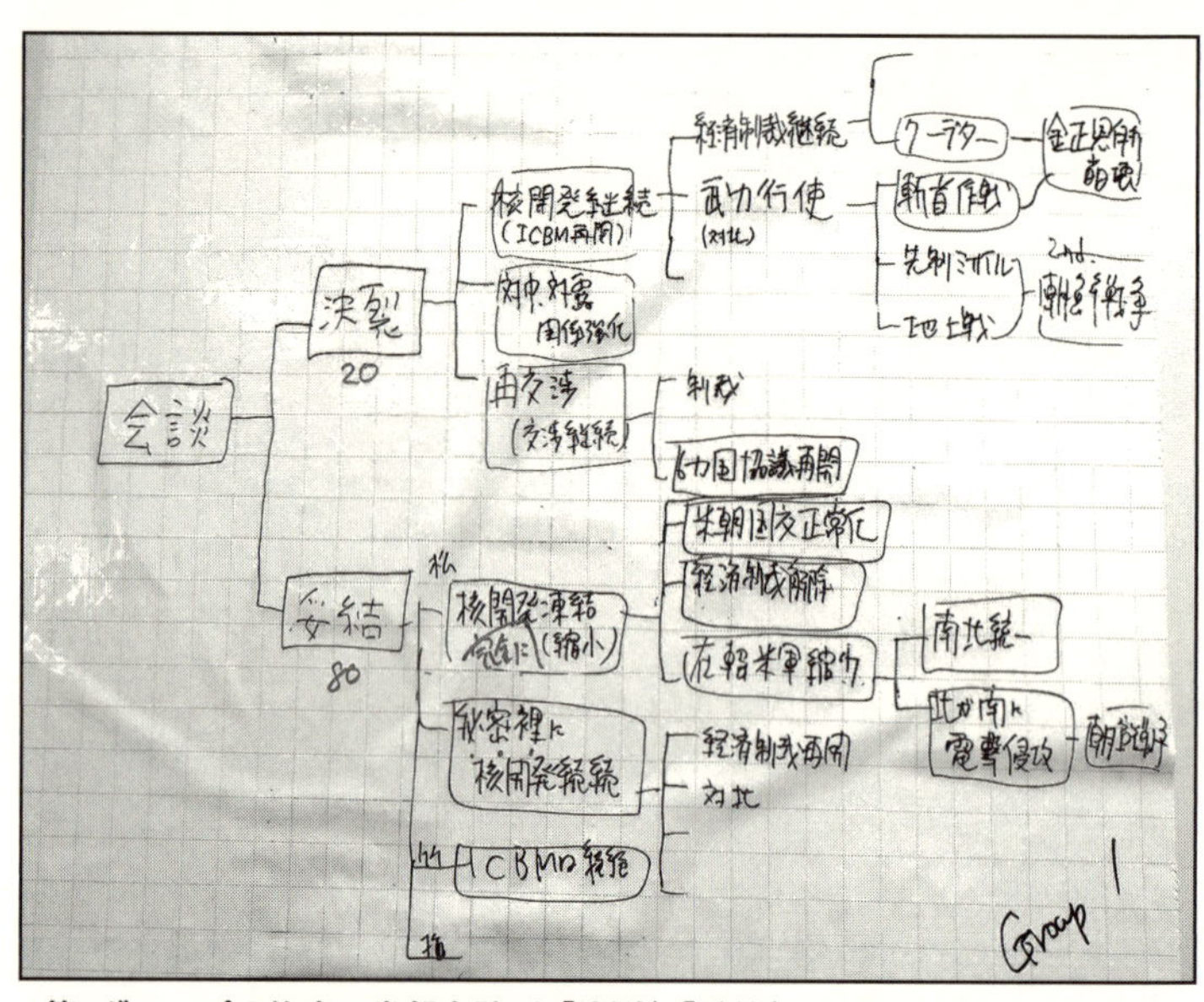

第1グループの策案。米朝会談が「決裂」「妥結」のMECEになっている点はよいが、その後の展開はMECEの観点からは不十分である。

③制裁解除後の非核化

米国が先に制裁解除したのちに北朝鮮が非核化するとした場合、北朝鮮が秘密裏に核・ミサイルを開発する可能性は否定できない。

他方、北朝鮮が「無条件非核化」を容認しても、次のような方向性に向かう可能性がある。①国連の検証に反発して核・ミサイルの開発を再開する。②米国が「北朝鮮が非核化の具体的な行動をとるまで制裁解除に応じない」との案を採用した場合、中国や韓国は一部の制裁解除を行なう。

上の写真は、第1グループの策案です。短時間にしてはよく考えられていますが、何をアウトプットして案出するのか、基本軸がわかりづらいと思われます。

右端に「金正恩体制の崩壊」「朝鮮戦争」「南北統一」となっていますが、時系列あるいは因果関係で考えれば、「南北統一」は「体制の崩壊」「朝鮮戦争」の結果という関係になるかもしれません。

また、MECEの観点からは、会談決裂後、北朝鮮のとりうる行動が「核開発継続」「対中・対露関係強化」「再交渉」となっていますが、そのほかにも「対南関係の強化」などは提示すべき要素かもしれません。

「再交渉」は「対中・対露関係強化」などの展開によって発生するもので、「核開発継続」と同列に位置するものとは思われません。また「決裂」してすぐに「再交渉」が可能であるならば、そこに何らかの「妥結」があると考える方が自然です。つまり「再交渉」は「決裂」なのか、それとも「妥結」なのか明確ではなく、重複が生じている可能性があります。展開が重複すると確率が入れられなくなります。

イベント・ツリー法は、グループ内での意見の集約が難しく、進行者が分析の軸を明確にするなど、その力量が問われます。この手法は個人作業でじっくり考えるのに適しています。

課題9 シナリオを作成する

【課題】

第4章で解説したシナリオ作成の手順を参考に、２０２０年初頭の北朝鮮情勢を物語形式で作成しなさい。

【指導案】

指導案なし。第3グループの策案を講座終了後に筆者が適宜添削したものをもって指導案に替える。

【解説】

以下は、第3グループが作成したシナリオです。

①質問および設定期間を設定する。

２０２０年初頭の北朝鮮はどのような状態になっているか?

②ドライビング・フォースを案出する。

「政治」「社会」「経済」「軍事」のフレームワークを設定し、各グループでブレーンストーミングを行ない、ドライビング・フォース（影響要因）を列挙する。

③重要なドライビング・フォースを特定する

列挙した計20個のドライング・フォースを参加者の全員（約20人）で投票。その結果、重要なドライビング・フォースを次の5個に特定した。

- 核保有化
- トランプ政権維持
- 金正恩の独裁
- 対米関係
- 戦略ミサイルの保有

【筆者コメント1】

「トランプ政権維持」「金正恩の独裁」「戦略ミサイルの保有」よりも、「トランプ政権の基盤」「金正恩政権の基盤」「戦略ミサイル」という中立的な表現が適当です。以下そのように修正し、分析を続けます。

④**重要なドライビング・フォースにもとづき前提を考察する。**

- 核保有化……現状で核を保有しているが、ミサイル搭載可能なＩＣＢＭは未保有。
- トランプ政権の基盤……中間選挙で辛勝したトランプ政権の基盤は比較的安定。
- 金正恩政権の基盤……国内クーデターが生起する兆しはなく、安定している。
- 対米関係……米朝首脳会談は行なわれたが、非核化は実現せず、膠着状態が継続。
- 戦略ミサイル……米国を攻撃できるＩＣＢＭは現段階では未開発であるが、２０２０年までに、、、、、、、、、、開発可能と見られている。

【筆者コメント２】

「２０２０年までには開発可能と見られている」という推量的な表現は使用しない。あくまでも２０２０年時点の現在進行形か過去形で書きます。よってその部分は削除します。

⑤**ベースラインシナリオ（推定目標モデル）を作成する。**

米トランプ政権は、米朝首脳会談において北朝鮮から十分な譲歩を引き出すには至らなかったものの、２０１８年11月の中間選挙で、中国に対するトランプ政権の強硬策を容認する白人層の支持や、日本が東アジアの緊張関係を懸念し、さらなる兵器購入の動きを見せるなどの要因が追い風となり辛勝した。

国民の信任を得られたことで、トランプ政権の基盤は比較的安定化に向かい、これまでの政策路線を継続し、諸外国に対する経済的圧力を強化するとともに、北朝鮮の非核化を推進する対外政策を展開してきた。

他方、金正恩の独裁体制に揺るぎはなく、2020年に入っても、国内クーデターが生起する兆しはない。また経済状況も中国および韓国による一部制裁解除の動きを受けて、小康状態を維持しており、国民が餓死する、あるいは大量難民が発生するという兆候は見られない。

2018年6月に行なわれた1回目の米朝首脳会談以降、北朝鮮は新たな核ミサイル開発を凍結している。米国の圧力を回避し、交渉断絶を回避すべく、一部の核施設の破壊に応じるなどの対応策を小出しにしている。

しかしながら、北朝鮮は「相互・段階的な朝鮮半島の非核化」が原則であるとの基本的なスタンスを転換してはおらず、2020年現在の非核化に向けたプロセスは、依然として膠着状態が継続していると評価されている。

北朝鮮の核保有量は2018年当時と大きな変化はないが、ミサイル搭載可能な小型化の実現には至っておらず、米国本土に届くICBMについても未完成である。

【筆者コメント３】

第3グループは、前述の重要なドライビング・フォースのうち、最も変化の蓋然性が高いのはトランプ政権の基盤と判断しました（２０１８年4月時点）。

よって「中間選挙で辛勝したトランプ政権の基盤は比較的安定」を「中間選挙で敗北したトランプ政権の基盤は不安定」に書き換えて代替シナリオを作成しました。

⑥代替シナリオ（予測目標モデル）を作成する

２０１８年に米朝首脳会談が行なわれて以降、北朝鮮は新たな核ミサイル開発を凍結しており、一部の核施設の廃棄などについては応じている。

しかしながら、北朝鮮は「相互・段階的な朝鮮半島の非核化」が原則であるとの基本的なスタンスを転換しようとはせず、非核化に向けたプロセスは膠着状態が継続した。

米朝首脳会談において十分な成果が得られなかったことが逆風となり、米トランプ政権は２０１８年11月の米中間選挙において敗北した。

そのためトランプ大統領は「ロシア疑惑」などの調査対応のため、政権人事に大幅なてこ入れを行なった。民主党の政策に対する〝横やり〟が頻発し、政権は不安定の方向に向かった。

他方、金正恩指導者の独裁体制は継続しており、北朝鮮では国内クーデターなどが生起する兆しはない。また経済状況も中国および韓国による一部制裁解除の動きを受けて、国民が餓死する、あるいは大量難民が発生するといった兆候は見られない。

しかし、2019年11月頃から、トランプ大統領は、大統領再選を果たすべく、さらに強い米国をアピールするようになった。これと同時に、対中外交や対北朝鮮政策に対して強硬姿勢が見られるようになった。

2020年初頭には、トランプ大統領は北朝鮮が非核化について具体的な措置をとらなければ、軍事的行動もありえるなどの意見を間接的に主張し、米軍も3月の米韓合同演習の準備を韓国に要請するなど、情勢はにわかに緊迫の様相を呈している。

これに対して金正恩政権は急遽、中国訪問を行なうなど、ますます中国寄りの姿勢を強める一方で、「相互・段階的な朝鮮半島の非核化」を掲げ、米韓合同演習の自粛、在韓米軍の撤退との引き換えで、非核化のためのさらなる行動をとることを示唆するなど、駆け引き外交を展開している。

2020年初頭の東アジアの戦略環境は、北朝鮮への影響力を強める中国の優位の状況となりつつあり、それへの新たな対抗手段を米国は模索せざるをえなくなっている。

【筆者コメント４】

第３グループは、最も変化の可能性のないドライビング・フォースは、金正恩政権の基盤の変化であるとして、「**独裁体制継続**」を「反体制活動が勃興し、金一族の独裁体制が崩壊」に書き換えた。

⑦予想外シナリオ（予想目標モデル）を作成する

米トランプ政権は、米朝首脳会談において北朝鮮から十分な譲歩を引き出せるには至らなかったものの2018年11月の米中間選挙においては、中国に対するトランプ政権の強硬策を容認する白人層の支持や、日本が東アジアの緊張関係を懸念し、さらなる兵器購入の動きを見せるなどの要因が追い風となり辛勝した。

国民の信任を得られたことで、トランプ政権の基盤は比較的に安定化の方向に向かい、これまでの政策路線を継続し、諸外国に対する経済的圧力を強化するとともに、北朝鮮の非核化を推進する対外政策を展開してきた。

2018年の米朝首脳会談に向けて、金正恩が新たな核開発とミサイル開発を凍結したにもかかわらず、経済制裁の解除や体制保障において十分な成果が得られていないことの不満を、北朝鮮軍は表明するようになっている。

北朝鮮国内では、米国主導の経済制裁に加え、折からの自然災害などが重なり、経済は極度に困窮し、各地で難民の流出や暴動が生起しており、党や軍はその対応に追われている。

こうしたなか、金正恩は国内体制の引き締めのため、軍高官の粛清に着手し、ますます政権内部は不透明かつ不安定化している。

中国は朝鮮半島の不安定化が中国国内に波及することを極度に警戒し、金正恩に対し自制を呼びかけているが、金正恩はこれらのことを中国による内政干渉と強く批判し、中国との距離を置いている。

２０１９年末、北朝鮮の一部勢力が軍と結託し、クーデターにより金正恩の失脚を図った。金正恩はロシアに亡命し、新たに就任した政権指導者は親中派人物とも親露派人物ともいわれている。

新政権に対して、中国はいち早く承認の声明を発表した。ロシアもこれに続いた。韓国も同様に新政権に対して友好的な姿勢を打ち出した。

日米はクーデター生起や新政権樹立の動向をまったく察知できず、２０２０年初頭の段階で、北朝鮮の新政権を承認していない。

北朝鮮はいまだＩＣＢＭは保有していないが、北朝鮮の政権のごたごた続きで核の非核化については進展していない。中国が朝鮮半島の非核化を声高に謳っており、中国が北朝鮮の核・ミサイルを間接的に管理しているともいわれている。

中国は南シナ海においても着々と軍事拠点化を推進している。米国は朝鮮半島と南シナ海の二正面で戦略的ポイントが生じたが、米国内には東アジアからの撤退を主張する声が日増しに高まっている。

中国が東アジアのメジャープレーヤーとして振る舞うことで、東アジアの緊張関係は非常に高まっており、日本など周辺諸国の軍備増強圧力が高まっている。

【筆者コメント5】

以上は、第3グループのシナリオですが、ほかのグループの策案もよくできていました。受講者には、全実習の中で最後のシナリオ作成が最も印象に残ったようです。

ドライビング・フォースを案出・特定する段階で、「自らが提案した斬新（?）なアイデアが排除された」と残念がっていた受講者もいました。

グループ型の情報分析においては、「群衆の英知」が生まれ、妥当で説得力のある策案が生まれることになります。

この手法は、ビジネスの世界においても活用していただきたいと思います。

おわりに

最後に三つのことを述べたいと思います。

第一は、官民の知的交流を重ね、ともに「インテリジェンス・リテラシー」を高めようということです。

軍事問題の情報公開に関して日本は、欧米はもとより、中国からも大いに遅れています。適切な情報公開が行なわれないため、軍事に関する国民の知識レベルの向上が阻害されていると思います。

『防衛白書』のレベルを超えた、さまざま官民の交流が、わが国の防衛力の強い礎(いしずえ)になっていくと考えています。

同様に政治力・防衛力の一つの柱である「インテリジェンス」に関して、秘匿性の高いもの、得体のしれないものとして誤解されている気がします。

確かに国家のインテリジェンスには秘匿性の高いものがあります。しかし一方で、官民が交流して「群衆の英知」により、その質を高めることも必要です。

現在は、働き方改革や都市開発において「ダイバーシティ（多様性）」が求められる時代です。個人においては、専門外のことに積極的にかかわる姿勢が求められています。これを池上彰氏は「越境」と呼んでいます。

また、学問の世界では、専門の世界に入る前にいろいろなことを横断的（越境的）に学ぶ「リベラル・アーツ」が注目されています。一つの専門性ではＡＩ時代に対応できないとみられているからです。

インテリジェンスにも「ダイバーシティ」「越境」「リベラル・アーツ」が必要と考えます。政府組織の情報分析官もその空気に触れ、他流試合を重ねて、異なった文化や思考法を肌で感じることが重要です。さもなければ、発想が枯渇して、時代の急速な変化に対応できなくなると考えます。

インテリジェンスに関して、わが国の政府組織には基本的なマニュアルさえ整備されていないのが現状です。欧米のマニュアルに依存した、教えてもらうばかりの状態から脱する必要があります。さらに組織内の教範類は原則事項に終始して、個人の知見や経験を活かした応用編がありません。一方、市販のビジネス書などに書かれている内容は、多くの人の目に触れることで「群衆の英知」が生まれ、教範から得られるものをはるかに凌駕しています。ここにも、「越境」の必要性を感じます。

激動な時代に、わが国が優位なポジションを獲得するためには、官民の知的交流を重ね、「ダイバーシティ」を発揮して、ほかの分野・領域からノウハウを採り入り、国家としての「インテリジェンス・リテラシー」を高めることが必要不可欠だと思います。

第二は、「マニュアルを実践に移す」ということです。世には多くのマニュアルがありますが、読んだだけでは体得はできません。

インテリジェンスも同様です。マニュアルを読むだけでは「インテリジェンス・リテラシー」は高められないし、質の高いインテリジェンスを作成できません。

欧米情報機関の情報分析のマニュアルを読むと、「なんだ、この程度か」というのがほとんどです。

しかし、「知ること」と「できること」はまったく次元が違います。「そんなことは知っている」と思った瞬間に「成長のエンジン」は止まります。世に「知行合一（ちこうごういつ）」という言葉がありますが、まさに知識と行為が一体とならなければ「知っている」ことにはならないのです。「たいしたことはない」と思うことを実践してみることが重要です。

そして、実践ということについて、筆者はよく「柔道の指南書」を例に挙げます。

「大外刈りをやみくもに練習するより、マニュアルを読みながら練習する方が効率的じゃないかな」と。

つまり、マニュアルには、練習や実践では気づかなかったことが発見できる、実践で身につけたことを言葉で理解することで熟練度を高めるなどのプラス効果があります。

ＯＪＴ（実務教育）の「暗黙知（あんもくち）」だけに依存するのではなく、可能なものはマニュアル化して「形式知」に置き換えることが重要です。

マニュアルは単なる読みものではなく、そこに書かれていることを実践するための実用書です。手元に置いて活用してこそ価値があるのです。

本書に記したいくつかの分析手法を活用して、自分自身が直面する問題を考える、あるいは分析手法を用いて部下を教育する教材を自作してみる、こうした実践を心がけていただきたいと思います。

第三は、「インテリジェンスの基本理論を理解する」ということです。最近は、分析手法を紹介したビジネス書も複数出版されています。筆者も、それらを安全保障の情報分析に活用してきました。

他方、これらの分析手法が日本のビジネス界に流入した経緯をさかのぼると、まず米軍の軍事分析の手法が欧米のビジネス界に広まり、それが日本に普及したようです。

その過程で、効率性や話題性ばかりが先行して、基本部分が軽視され、やや小手先の技法が強調される傾向にあるように思います。

インテリジェンスとインフォメーションとの違い、インテリジェンス・サイクル、カスタマーと情報分析者との関係、情報源と情報の評価、意図分析と能力分析、兆候と警告、競争的分析や機会分析の必要性など、これらは欧米の政府機関や軍隊が実際に血と汗を流して獲得した貴重な教訓です。ビジネスにすぐに活かせる分析手法も重要ですが、こうした実戦を通じて得られた「知恵」についてもビジネスに活用されるべきだと思います。

筆者はビジネス理論については素人ですが、インテリジェンスの基本理論を少しでも他領域に普及することで、今日の欠落部分を補うことができ、それがフィードバックして国家安全保障にもプラスの効果をもたらすのではないかとささやかな野心を持っています。

本書は、国家安全保障に携わる情報分析官と、ビジネスなどで情報分析に従事される方々の両方を想定して執筆しました。

本書が少しでも情報分析における官民交流の橋渡しになれば幸甚です。

最後に、本書執筆の契機となりました「麹町アカデミア」の秋山進さん、山仲喜美子さんほかの関係各位、本講座に参加していただいたビジネスパーソンの皆さま、そして編集の労をとっていただいた並木書房に感謝申し上げます。

上田篤盛

主要参考文献

『インテリジェンス入門─利益を実現する知識の創造』（北岡元、慶應義塾大学出版会、２００９年）
『情報ということば─その来歴と意味内容』（小野厚夫、富山房インターナショナル、２０１６年）
『ビジネス・インテリジェンス─未来を予想するシナリオ分析の技法』（北岡元、東洋経済新報社、２００９年）
『仕事に役立つインテリジェンス─問題解決のための情報分析入門』（北岡元、ＰＨＰ研究所、２００８年）
『ＣＩＡ極秘分析マニュアル「ＨＥＡＤ」─武器としてのインテリジェンス』フィリップ・マッド、池田美紀訳、早川書房、２０１７年）
『戦略的インテリジェンス入門』（上田篤盛、並木書房、２０１６年）
『中国戦略〝悪〟の教科書─『兵法三十六計』で読み解く対日工作』（上田篤盛、並木書房、２０１６年）
『情報戦と女性スパイ』（上田篤盛、並木書房、２０１８年）
『自衛隊「影の部隊」─情報戦秘録』（松本重夫、アスペクト、２００８年）
『インテリジェンスの最強テキスト』（手嶋龍一、佐藤優、東京堂出版、２０１５年）
『大本営参謀の情報戦記─情報なき国家の悲劇』（堀栄三、文藝春秋、１９９６年）
『「みんなの意見」は案外正しい』（ジェームズ・スロウィッキー、小高尚子訳、角川書店、２００９年）
『イスラエル情報戦史』（アモス・ギルボア編、佐藤優監訳、並木書房、２０１５年）
『決定の本質─キューバ・ミサイル危機の分析』（グレアム・アリソン、漆嶋稔訳、日経ＢＰ社、２０１６年）
『インテリジェンス─機密から政策へ』（マーク・Ｍ・ローエンタール、茂田宏監訳、慶應義塾大学出版会、２０１１年）
『超予測力─不確実な時代の先を読む10カ条』（フィリップ・テトロック、ダン・ガードナー、土方奈美訳、早川書房、２０１６年）
『「超」整理法─情報検索と発想の新システム』（野口悠紀雄、中央公論社、１９９３年）

『生き抜くための戦略情報』（大辻隆三、防衛研究会、１９８１年）
『僕らが毎日やっている最強の読み方』（池上彰、佐藤優、東洋経済新報社、２０１６年）
『新聞の力—新聞の読み方で世界が見える』（橋本五郎、労働調査会、２０１３年）
『昭和史がわかる55のポイント』（保坂正康、ＰＨＰ研究所、２００１年）
『医療危機—高齢社会とイノベーション』（真野俊樹、中央公論新社、２０１７年）
『情報って何だろう』（春木良且、岩波書店、２００４年）
『ビジネス頭を創る１００の難問』（ジョン・ケイドー、勝間和代監修、花塚恵訳、ディカヴァー・トゥエンティワン、２００８年）
『本質を見抜く「考え方」』（中西輝政、サンマーク出版、２００７年）
『アナロジー思考—「構造」と「関係性」を見抜く』（細谷功、東洋経済新報社、２０１１年）
『米中戦争前夜—新旧大国を衝突させる歴史の法則と回避のシナリオ』（グレアム・アリソン、藤原朝子訳、ダイヤモンド社、２０１７年）
『ＣＩＡ流戦略情報読本』（ハーバート・Ｅ・マイヤー、中川十郎・米田健二共訳、ダイヤモンド社、１９９０年）
『オペレーショナル・インテリジェンス—意思決定のための作戦情報理論』（松村劭、日本経済新聞社、２００６年）
『勝つための状況判断学—軍隊に学ぶ戦略ノート』（松村劭、ＰＨＰ研究所、２００３年）
『亡国のインテリジェンス—「武器なき戦争」と日本の未来』（仮野忠男、日本文芸社、２０１０年）
『シナリオ・プランニング—戦略的思考と意思決定』（キース・ヴァン・デル・ハイデン、西村行功訳、ダイヤモンド社、１９９８年）
『意思決定のための「分析の技術」—最大の経営成果をあげる問題発見・解決の思考法』（後正武、ダイヤモンド社、１９９８年）
『インテリジェンスの基礎理論』（小林良樹、立花書房、２０１４年）
『「未来を読む」ビジネス戦略の教科書』（西村行功、毎日新聞出版、２０１５年）
『シナリオ・シンキング』（西村行功、ダイヤモンド社、２００３年）
『思考の整理学』（外山滋比古、筑摩書房、１９８６年）
『知の越境法「質問力」を磨く』（池上彰、光文社、２０１８年）

『「考える力」をつける本―本・ニュースの読み方から情報整理、発想の技術まで』(轡田隆史、三笠書房、2013年)
『AERA』(朝日新聞出版、2018年2月12日号)
『Victims of Groupthink(グループシンクの犠牲者)』(Irving Lester 1973)
『Intelligence Analysis: A Target-Centric Approach』(Robert.M.Clark 2009)
『Better Ways of Fix Intelligence(情報機関を立て直すには)』Bruce Berkowits ,Obis,fall 2001,vol.45,No4.
『Structured Analytic Techniques for Intelligence Analysis』(Richards J. Heuer Jr. and Randolph H. Pherson 2011)

上田篤盛（うえだ・あつもり）
1960年広島県生まれ。元防衛省情報分析官。防衛大学校（国際関係論）卒業後、1984年に陸上自衛隊に入隊。87年に陸上自衛隊調査学校の語学課程に入校以降、情報関係職に従事。92年から95年にかけて在バングラデシュ日本国大使館において警備官として勤務し、危機管理、邦人安全対策などを担当。帰国後、調査学校教官をへて戦略情報課程および総合情報課程を履修。その後、防衛省情報分析官および陸上自衛隊情報教官などとして勤務。2015年定年退官。現在、軍事アナリストとして活躍。メルマガ「軍事情報」で連載。ブログ「インテリジェンスの匠」運営中。著書に『中国軍事用語事典（共著）』（蒼蒼社）、『中国の軍事力 2020年の将来予測（共著）』（蒼蒼社）、『戦略的インテリジェンス入門―分析手法の手引き』『中国が仕掛けるインテリジェンス戦争』『中国戦略“悪”の教科書―「兵法三十六計」で読み解く対日工作』『情報戦と女性スパイ』（いずれも並木書房）。

武器になる情報分析力
―インテリジェンス実技マニュアル―

2019年（令和元年）6月10日　印刷
2019年（令和元年）6月20日　発行

著　者　上田篤盛
発行者　奈須田若仁
発行所　並木書房
〒170-0002東京都豊島区巣鴨2-4-2-501
電話(03)6903-4366　fax(03)6903-4368
http://www.namiki-shobo.co.jp
印刷製本　モリモト印刷
ISBN978-4-89063-386-9